青少年仪式

教育读本

图书在版编目（CIP）数据

青少年仪式教育读本 / 陈必昌主编 . —济南：山东友谊出版社，2018.12

ISBN 978-7-5516-1759-8

Ⅰ . ①青… Ⅱ . ①陈… Ⅲ . ①仪式—青少年教育 Ⅳ . ① G775

中国版本图书馆 CIP 数据核字 (2018) 第 273875 号

青少年仪式教育读本

QINGSHAONIAN YISHI JIAOYU DUBEN

主管单位：山东出版传媒股份有限公司
出版发行：山东友谊出版社
地　　址：济南市英雄山路 189 号　邮政编码：250002
电　　话：出版管理部（0531）82098756
市场营销部（0531）82098035（传真）
印　　刷：山东临沂新华印刷物流集团有限责任公司
版　　次：2018 年 12 月第 1 版
印　　次：2018 年 12 月第 1 次印刷
开　　本：710 mm × 1000 mm　1/16
印　　张：10
字　　数：110 千字
定　　价：38.00 元

《青少年仪式教育读本》编委会

前　言

仪式，可释义为典礼的秩序形式，是在一定场合举行，具有专门程序、规范的活动。《左传》疏云：“中国有礼仪之大，故称夏；有服章之美，谓之华。”华夏民族历来重视仪式，也向教育领域做了普及延伸，如开蒙礼、拜师礼、成人礼等等，都是自古有之。仪式具有特殊的社会心理功能，能够在无形中实现对受众的感染教化和价值传递，也因此成为青少年教育的重要载体。

青少年仪式教育，特别是共青团、少先队开展的政治仪式教育，是加强青少年思想价值引领，增强共青团员、少先队员光荣感和组织归属感的有效途径。团中央、全国少工委高度重视青少年仪式教育工作，把加强青少年仪式教育作为共青团、少先队改革的重要任务，相继出台文件作出规范指导。

本书遵照《中国共产主义青年团章程》《中国少年先锋队

章程》和团中央、全国少工委相关文件要求，邀请在青少年仪式教育领域具有丰富经验的专家、学者、一线辅导员成立编委会，以青少年成长时间轴为顺序，系统梳理少先队入队仪式、初中建队仪式、少先队离队仪式、共青团入团仪式、成人礼仪式、共青团离团仪式六个方面的仪式规范和典型案例，并将团、队章程及规范指导文件附后，旨在为团、队组织开展青少年仪式教育和青少年自我学习提供有益借鉴和参考。

文可化心，书以载道。愿每一位团、队工作者能够从此书中获得启发，在保证程序规范的基础上，结合当地特色和工作实际，创新开展青少年仪式教育，帮助每一位共青团员和少先队员不断增强光荣感和组织归属感，培养对党和社会主义祖国的深厚感情，为将来成为社会主义建设者和接班人奠定坚实的思想和情感基础。

本书编委会

2018年12月

目　录

一 青少年仪式教育概述

一、相关概念

1. 仪式

人们在特定场合举行的，由仪式主体、仪式进程和仪式客体等系列基本要素组成的具有象征、表演和整体等内在特性，并含蕴共同价值信念与追求的社会性文化活动。

2. 仪式教育

通常指借助一定的秩序形式，通过社会性文化活动对参与受众进行思想教育的过程。

3. 青少年仪式教育

在青少年教育过程中，教育者创设合理的互动式仪式情境，以加强青少年思想道德教育为出发点和目的，有计划、有组织开展的一系列实践活动。本书所称青少年仪式教育，主要指共青团、少先队通过政治仪式等形式对青少年进行思想政治引领和社会主义核心价值观教育的过程。

二、教育功能

仪式与教育具有天然联系，通过仪式进行教育是青少年教育的重要途径。青少年仪式教育主要包含以下功能：

1. 提高青少年政治素质

仪式开展过程中，通过神圣庄严的宣誓、呼号、系戴红领巾或佩戴团徽等环节，有利于青少年牢记身份使命，严格自我要求，不断提高思想政治觉悟，增强对党和国家的朴素情感，并将这种朴素情感落实到日常的学习、工作和生活之中。

2. 增强青少年组织意识和身份意识

青少年仪式全程时刻体现着共青团、少先队的组织属性。通过入队仪式、离队仪式、入团仪式、18岁成人仪式等仪式形式，能够较好实现共青团和少先队的教育引领功能，使参与仪式的青少年增强其成为共青团员、少先队员的组织意识或成年人的身份意识。

3. 传递共青团、少先队价值理念

共青团、少先队在开展各类仪式教育的过程中，通过仪式这种“用感性手段作为意义符号的象征体系”，借助一定的规范程序，能够帮助共青团员和少先队员亲身参与体验，获得共青团、少先队知识，从思想上认同共青团、少先队的价值理念。

三、开展现状

团中央、全国少工委高度重视青少年仪式教育工作，近年来相继出台了《中国共产主义青年团发展团员工作细则》《中国少年先锋队标志礼仪基本规范》《全国中学生18岁成人仪式规范（试行）》等文件，对入队仪式、初中建队仪式、离队仪式、入团仪式、18岁成人礼仪式作出规范指导。

全国各地共青团、少先队组织按照团中央、少工委要求，结合实际开展了内容丰富、形式多样的青少年仪式教育。但是，由于种种原因，各地在开展青少年仪式教育时，或多或少存在仪式程序不够规范、仪式开展形式单一、仪式内容失于丰富等问题，一定程度上影响了仪式教育对青少年健康成长作用的发挥。本书力图通过梳理青少年仪式细化规范及部分典型案例，为基层开展青少年仪式教育提供一些借鉴和参考。

二 入队仪式

仪式规范

一、工作意义

少先队入队仪式是青少年仪式教育的重要组成部分，是向少年儿童进行仪式教育的有效形式，它通过庄严、生动、形象的仪式，营造神圣的集体氛围，培育少年儿童加入少先队组织的光荣感、自豪感和使命感。

二、工作目标

《中国少年先锋队章程》第十一条“我们的队员”中规定：“凡是6周岁到14周岁的少年儿童，愿意参加少先队，愿意遵守队章，向所在学校少先队组织提出申请，经批准，就成为队员。”明确指出：“队员入队前要为人民做一件好事。要举行入队仪式。”

少先队入队仪式是直接、生动、有效的青少年组织意识教育，能够使少年儿童形象地感受到少先队是一支有组织、有纪律、有理想、有光荣传统的队伍，为加入少先队组织感到无比的自豪和光荣，从而激发对党和社会主义祖国的朴素感情，增强自身社会责任感，为将来成为社会主义事业的建设者和接班人奠定思想和情感基础。

三、基本原则

1. 政治性

以少年儿童思想引领、政治引领为核心，引导广大少年儿童树立正确的世界观、人生观、价值观。

2. 教育性

符合少年儿童的成长认知规律，为队员们所喜爱，每一项程序都具有教育意义，充分发挥仪式的教育作用。

3. 规范性

履行规定的程序，使用规范统一的标志、誓词，体现入队仪式的庄严神圣，给少先队员留下深刻的印象。

4. 创新性

在规定的程序基础之上，各地各学校可结合当地情况和自身特色，进行一定形式的创新，使仪式更加丰富、更具实效。

四、活动时间

入队仪式一般选择在六一期间或一年级第二学期中的重大节日、有纪念意义的日子开展。

五、活动地点

入队仪式可以安排在校园内，也可以根据当地和学校情况，安排在烈士陵园、纪念广场、英雄雕像、有纪念意义的建筑或场馆等地点举行。

六、参与主体

入队仪式的参与者是小学一年级年满6周岁的全体少年儿童，以及学校内所有少先队员、少先队辅导员。还可邀请上级团、队组织领导、学校领导、校外辅导员、社会有关人士、新队员家长等参与仪式。

七、活动准备

做好入队仪式相关准备工作，如备好党旗、团旗、队旗、红领巾，备好队歌等音乐，备好中队辅导员聘书；鼓号队做好演奏《出旗曲》《退旗曲》准备；训练好各中队报数；培训好旗手、护旗手；确定为新队员佩戴红领巾的老队员或其他嘉宾；提前邀请与会领导、嘉宾、老师以及新队员家长等。

八、活动程序

入队仪式一般由学校少先队大队长主持。

1. 全体立正，仪式开始

2. 出旗

少先队员敬队礼（未加入少先队的少年儿童行注目礼）。

现场鼓号队演奏《出旗曲》，没有鼓号队的要播放标准的《出旗曲》音乐。出旗时，旗手、护旗手应从整个队伍正后方出发，从全体队员中间经过，到达队伍正前方立定转身，面向全体队员停下。出旗时，全体队员和护旗手敬队礼，大队旗手、中队旗手将旗杆前倾与地面成约45度角，不敬队礼。《出旗曲》停，全体少先队员和护旗手礼毕，大队旗手、中队旗手执旗立正。

3. 唱队歌

全体少先队员、与会人员演唱完整版（两段歌词）队歌。指挥一般由大队文娱委员担任。

4. 大队委员会宣读关于组建一年级少先队组织的决定，宣布新队员名单

一般由学校大队辅导员或者大队干部宣布。

5. 为新队员授红领巾

授予者（可以是高年级少先队员代表，也可以是辅导员老师、新队员家长等）双手托红领巾，授予新队员红领巾，并帮其佩戴、整理好红领巾。

6. 新队员宣誓

大队辅导员或大队长领誓，领誓人读一句，新队员重复一句。宣誓时，少先队员面向大队旗，跟随领誓人右手举拳至肩上，拳于耳侧，拳心向左前方。旗手执大队旗倾斜，旗面朝向队员，两名护旗手在队旗远旗杆侧站立，分别用左手执队旗一角展开旗面。宣誓时，护旗手与全体少先队员动作相同，旗手执旗立正，只宣誓，不举拳。

7. 为新建中队授中队旗

参会领导、校外辅导员、社会有关人士为新中队授予中队旗。中队旗手接旗后站在本中队队列最前面，执旗姿势立正。

8. 为新建中队聘请中队辅导员

聘请中队辅导员决定一般由学校党支部书记、学校校长宣布。参会领导、来宾为新任中队辅导员颁发聘书。少先队员代表为新任中队辅导员敬献红领巾。

9. 党组织、团组织代表或大队辅导员讲话

一般邀请党组织、共青团组织的代表，与会来宾及大队辅导员讲话。

10. 呼号

在仪式中，应由大队辅导员带领队员呼号，也可由党组织、团组织的代表或拥护党的领导、对祖国有特殊贡献、可以作为少先队员表率的人领呼。领呼人面对全体少先队员，在“呼号”动令后，领呼人和队员举右拳至肩上，拳于耳侧，拳心向左前方，进行呼号。呼号完毕，领呼人落下右拳，全体少先队员跟随领呼人一同落下右拳，恢复立正姿势。呼号时，不要附加其他任何动作和语言。

呼号内容：“准备着：为共产主义事业而奋斗！”，全体少先队员坚定有力地回答：“时刻准备着！”

11. 退旗

少先队员敬队礼。现场鼓号队演奏《退旗曲》，没有鼓号队的要播放标准的《退旗曲》音乐。退旗时，旗手、护旗手按出旗

路线原路退回。退旗时，全体少先队员和护旗手敬队礼。大队旗手、中队旗手将旗杆前倾与地面成约45度角，不敬队礼。《退旗曲》停，大队旗手、中队旗手执旗姿势立正，少先队员礼毕。

12. 仪式结束

扫码观看中国少年先锋队来历视频

九、少先队员应知应会

1. 中国少年先锋队来历

（1）劳动童子团1924—1927年（第一次国内革命战争时期）

中国少年先锋队有着光荣的革命传统。1922年，即中国共产党成立的第二年，在湖南、江西边界的安源矿区，建立了第一个吸收小矿工及工人子弟参加的少年儿童革命组织——儿童团。1924年，在儿童团的基础上，发展成劳动童子团。随着工人运动和北伐战争的发展，中国共产党又分别在上海、广州、武汉、长沙、天津、唐山等城市和湖北、湖南、江西、广东等省的农村先后建立劳动童子团。团员大多数是童工和工人农民的子女。他们的标志是系红色领带；团礼是五指并拢，举到额头；口号是："准备着，打倒帝国主义！""准备着，打倒军阀！""准备着，做世界的小主人！"；他们的活动是：学文化，做游戏，做宣传，募捐、慰问北伐军，跟随父兄直接参加反对帝国主义的游行示威，参加反对资本主义剥削压迫的罢工斗争，争取八小时工作制，配合北伐军参加武装起义的斗争。

（2）共产主义儿童团1927—1936年（第二次国内革命战争时期）

大革命失败以后，在福建、江西、湖南、湖北等革命根据地，建立了共产主义儿童团。共产主义青年团受中国共产党委托，在团组织中设立儿童局，负责领导儿童团的工作。共产主义儿童团的任务是在中国共产党的领导下，加强对少年儿童的共产主义教育，组织领导少年儿童参加一些力所能及的革命工作。它的主要活动有：动员儿童到列宁小学读书、宣传扩大红军；开展拥军优属活动，站岗、放哨、查路条、唱歌、操练、检阅；他们的标志是红领带；团礼是五指并拢高举过头；呼号是："准备着，时刻准备着！"

(3)抗日儿童团1937—1945年(抗日战争时期)

抗日战争时期，广大敌后抗日根据地成立了抗日儿童团。当时抗日根据地县以上的青年救国会设立儿童部(科)，负责领导儿童工作。抗日儿童团的任务是在中国共产党的领导下，团结和组织儿童参加力所能及的抗日救国工作。其活动是：宣传抗日，侦察敌情捉汉奸，站岗放哨、送书信，尊敬抗战官兵、帮助抗属做事，参加生产劳动，开展学习、文娱、体育活动。团礼是右手五指并拢齐额举起；呼号是："时刻准备着！"

(4)解放战争时期的儿童团、地下少年先锋队1946—1949年(第三次国内革命战争时期)

解放战争时期，革命的儿童组织有了很大的发展。不仅在解放区建立了儿童团、少先队，也在国民党统治区建立了地下少先队。他们积极参加革命斗争，为新中国的诞生，贡献了自己的力量。

十、活动素材

1. 中国少年先锋队入队誓词

我是中国少年先锋队队员。我在队旗下宣誓：我热爱中国共产党，热爱祖国，热爱人民，好好学习，好好锻炼，准备着：为共产主义事业贡献力量！

2. 大队辅导员讲话稿

尊敬的各位领导，亲爱的辅导员老师们，少先队员们：

大家好！

伴随着嘹亮的队歌，我们迎来了此次“×××”入队仪式，又有一群活泼可爱的少年儿童加入了少先队组织，成为了光荣的少先队员。我代表所有的辅导员老师和老队员向你们表示衷心的祝贺。

红领巾是少先队员的标志，代表着红旗的一角，是无数革命先烈用鲜血染成的。鲜艳的红领巾飘扬在我们胸前，我们要时刻牢记自己是一名光荣的少先队员，从戴上红领巾的那一刻起，我们就更要严格地要求自己：要爱祖国、爱劳动、爱科学；要勤奋学习、关心集体、追求上进；要文明礼貌、遵守纪律、积极参加实践、刻苦锻炼，为红领巾增添新的荣誉。

亲爱的少先队员们，你们成长在新时代，沐浴着党和国家的阳光，要牢记习爷爷的教导，“从小学习做人，从小学习立志，从小学习创造”，争做新时代好队员，为实现中华民族伟大复兴的中国梦，时刻准备着！

谢谢大家！

典型案例

扫码观看入队仪式示范视频

争做新时代好队员

济南市新队员入队仪式示范活动暨济南市十亩园小学入队仪式

一、活动目的

为充分发挥入队仪式的教育作用，切实增强少先队员的光荣感和组织归属感，提升少先队组织的凝聚力和影响力，在济南解放70周年之际，通过开展“争做新时代好队员”——济南市新队员入队仪式示范活动暨济南市十亩园小学入队仪式，激发少年儿童对少先队组织的光荣感、自豪感和使命感，努力成为担当民族复兴大任的时代新人。

二、活动时间

2018年6月1日上午。

三、活动地点

济南市解放阁广场。

四、参与主体

济南市十亩园小学168名一年级新生，学校大、中队辅导员，团市委领导、团区委领导、学校领导、有关社会人士、全市各县区总辅导员和全市各县区120名骨干辅导员。

五、活动程序

入队仪式由学校大队长主持。

大队长：尊敬的各位来宾、敬爱的辅导员老师们、亲爱的少先队员小伙伴们，大家上午好！

咚咚的队鼓敲响奋进的旋律，星星火炬指引我们前进的方向！今年是济南解放70周年，今天，济南市少工委在解放阁下，隆重举行“争做新时代好队员”——济南市新队员入队仪式示范活动暨济南市十亩园小学入队仪式。参加今天活动的领导、嘉宾有：

……

让我们用热烈的掌声欢迎他们的到来。

全体立正，仪式开始

1. 全体立正，仪式开始

大队长：请全体立正。我宣布，“争做新时代好队员”——

济南市新队员入队仪式示范活动暨济南市十亩园小学入队仪式现在开始。

出　旗

2. 出旗

大队长：出旗，敬礼！

全体少先队员敬队礼，一年级未加入组织的少年儿童行注目礼。现场鼓号队演奏《出旗曲》。出旗时，旗手、护旗手从整个队伍正后方出发，从全体队员中间经过，到队伍正前方停下。出旗时，少先队辅导员、全体少先队队员和护旗手敬队礼。

大队长：礼毕。

《出旗曲》停，大队旗手、中队旗手执旗姿势立正，少先队员礼毕。

3. 唱队歌

4. 大队委员会宣读新组建一年级少先队组织的决定，宣布新队员名单

大队长：今天，我们迎来了一批新伙伴，将有168名小伙

伴光荣地加入中国少年先锋队，成为少先队组织的一员。

请学校少先队副大队长 ××× 宣读组建一年级少先队组织的决定，宣读新队员名单。

副大队长：济南市十亩园小学关于组建新中队的决定：为了更好地健全和完善少先队组织，加强对少先队员的培养和教育，经研究决定，新组建一（1）中队，一（2）中队，一（3）中队，一（4）中队。

济南市十亩园小学少先队新队员名单：一（1）中队 ×××、一（2）中队 ×××、一（3）中队 ×××、一（4）中队 ××× 等168名同学，宣读完毕。

让我们向新组建的中队和新队员表示祝贺！

5. 为新队员授红领巾

大队长：请与会来宾和少先队员代表为新队员佩戴红领巾。（音乐：《红领巾飘起来》）

礼仪队员引导领导、来宾走下台为新队员佩戴红领巾。

大队长：在国旗、党旗、团旗、队旗的引领下，在星星火炬的照耀下，我们十亩园小学的雏鹰将带着美丽的梦想扬帆起航。

为新队员授红领巾

新队员宣誓

6. 新队员宣誓

大队长：请学校少先队大队辅导员 ××× 带领新队员宣誓，请老队员重温入队誓词。全体立正！

大队辅导员：我是中国少年先锋队队员。

全体少先队员：我是中国少年先锋队队员。

大队辅导员：我在队旗下宣誓：

全体少先队员：我在队旗下宣誓：

大队辅导员：我热爱中国共产党，热爱祖国，热爱人民，

全体少先队员：我热爱中国共产党，热爱祖国，热爱人民，

大队辅导员：好好学习，好好锻炼，

全体少先队员：好好学习，好好锻炼，

大队辅导员：准备着：为共产主义事业贡献力量。

全体少先队员：准备着：为共产主义事业贡献力量。

大队辅导员：宣誓人：×××。

全体少先队员：×××（大声说出自己的名字）。

宣誓后，领誓人右拳垂直下落，右臂自然下垂放手，队员同领誓人动作随之放手。

7. 为新建中队授中队旗

大队长：请与会领导为一年级新建中队授中队旗。（音乐：《红领巾飘起来》）

8. 为新建中队聘请中队辅导员

大队长：请学校党支部书记、校长 ××× 宣读聘任中队

辅导员的决定。

校长：经研究决定：聘任 ××× 老师为一(1)中队中队辅导员，××× 老师为一(2)中队中队辅导员，××× 老师为一(3)中队中队辅导员，××× 老师为一(4)中队中队辅导员。

宣读完毕。

大队长：请与会来宾为中队辅导员颁发聘书。(音乐：《红领巾飘起来》)

参会领导、来宾为新中队中队辅导员颁发聘书。少先队员代表为新中队中队辅导员授红领巾。

为新建中队授中队旗

党组织、团组织代表或大队辅导员讲话

9. 党组织、团组织代表或大队辅导员讲话

大队长：中国少年先锋队是中国共产党创立、领导，并委托中国共产主义青年团直接领导的中国少年儿童的群众组织。请共产党员代表十亩园小学党支部书记 ×××，解放军代表 ×××，共青团员代表、全国道德模范 ×××，少先队组织代表、学校大队辅导员 ××× 讲话。(音乐：《红领巾心向党》)

共产党员代表十亩园小学党支部书记 ×××：

亲爱的少先队员们，没有共产党就没有新中国！在中国共产党的领导下，改革开放40年，我们的祖国发生了翻天覆地的变化！我是一名共产党员，我坚信，我们的党会带领我们创造更美好的明天！作为“强国一代”，希望队员们牢记习爷爷的教导，永远听党话、跟党走，为实现中华民族伟大复兴的中国梦时刻准备着。

解放军代表 ×××：

亲爱的少先队员们，红领巾是红旗的一角，象征着用烈士的鲜血染成。70年前，无数革命先烈抛头颅、洒热血才换来了济南的解放，今天的幸福生活来之不易。作为一名中国人民解放军军人，维护国家主权和领土完整是我们的使命，作为未来祖国的建设者和接班人，从小立志向、有梦想、爱学习、爱劳动、爱祖国，德智体美全面发展是你们的使命，希望你们从小打好基础、健康成长，为建设祖国时刻准备着。

共青团员代表、全国道德模范 ×××：

我是一名共青团员，在自己平凡的工作岗位上挥洒着青春和汗水。队员们，少先队是共青团的预备队，在今天这个特殊的日子里，我要把“爱国、进步、民主、科学”的五四精神传递给你们，希望你们“记住要求、心有榜样、从小做起、接受帮助”，为早日加入共青团组织，时刻准备着！

少先队组织代表、学校大队辅导员 ×××：

少先队员们，你们是祖国的希望，民族的未来，共产主义事业的接班人，作为大队辅导员，希望你们牢记习爷爷的教导，

“从小学习做人，从小学习立志，从小学习创造”，争做新时代好队员，让星星火炬永放光芒！

10. 呼号

大队长：请历下区少先队总辅导员 ××× 带领我们呼号。

领呼人面对全体少先队员，举起右拳领呼：“准备着：为共产主义事业而奋斗！”全体少先队员跟随领誓人举起右拳（动作如领誓人），坚定有力回答：“时刻准备着！”

退 旗

11. 退旗

大队长：退旗，敬礼！礼毕。

12. 仪式结束

大队长：“争做新时代好队员”——济南市新队员入队仪式示范活动暨济南市十亩园小学入队仪式到此结束。请一年级各中队到解放济南战役纪念馆开展主题队日活动。

队　徽

中队旗

大队旗

扫码观看队旗
基本介绍

扫码获取红领巾
小知识

中国少年先锋队队歌
我 们是 共产 主义 接 班 人， 继承 革 命 先辈的 光 荣
我 们是 共产 主义 接 班 人， 沿着 革 命 先辈的 光 荣
传 统， 爱 祖 国， 爱 人 民鲜 艳 的 红领巾 飘
路 程， 爱 祖 国， 爱 人 民少先 队 员 是我们 骄 傲
扬 在 前 胸。 不 怕困 难， 不 怕敌 人， 顽 强学 习，
的 名 称。 时刻 准 备建 立 功 勋要 把 敌 人消 灭
坚 决斗 争。 向 着 胜利 勇 敢 前 进， 向 着 胜 利勇敢
干 净为着 理 想 勇 敢前 进 为 着 理想，勇 敢 前 进前进
前 进前 进向着 胜 利 勇 敢前 进， 我们是 共 产主义
为 着理想 勇敢前 进， 我 们 是 共产主 义 接班人。
接 班 人。
扫码收听《中国少年先锋队队歌》音频

三 初中建队仪式

仪式规范

一、工作意义

初中一年级，学生正面临着人生的第一个、也是最重要的“断奶期”。跨入中学大门的新生，面对新的环境、新的人群，时常要经历知识骤增、独立生活、团队脱节等一系列问题。这些问题如果得不到快速而有效的解决，不仅给他们的生活学习造成不适，更会使他们陷入组织、信仰真空，产生迷惘和彷徨。初中建立少先队组织，正是为了有效预防和解决以上问题。

二、工作目标

通过规范开展“初中一年级建队”“中学少先队组织机构调整”“团员意识教育培养”等团队衔接活动，有效改善中学少先队工作滞后和团队衔接教育缺失的问题，增强中学生理想信念教育的针对性和实效性，增强少先队员的光荣感和组织归属感。

三、活动时间

每年10月13日建队纪念日期间。

四、活动地点

可以安排在校园内，也可以根据当地和学校情况，安排在烈士陵园、纪念广场、英雄雕像、有纪念意义的建筑或场馆等地点举行。

五、参与主体

初中一年级新生，其他年级少先队员一并参加。

六、活动准备

备好队歌和《出旗曲》《退旗曲》等音乐，备好中队辅导员聘书；训练好各中队报数；培训好旗手、护旗手；提前做好与会领导、嘉宾、老师的邀请工作。

七、活动程序

1. 全体立正，仪式开始

2. 出旗

主持人发出“出旗，敬礼”的动令后，鼓号队现场演奏或播放《出旗曲》，全体少先队员敬队礼，其他人员行注目礼。出旗时，旗手、护旗手从整个队伍正后方出发，从全体队员中间经过，到队伍正前方停下。

《出旗曲》停，旗手执旗立正，全体少先队员礼毕。

3. 唱队歌

全体少先队员、与会人员演唱完整版队歌《我们是共产主义接班人》。由大队文娱委员担任指挥。

4. 大队委员会宣读初一年级中队成立决定

《初一年级中队成立决定》以大队委名义拟定，报学校团委和党组织批准，由大队委员宣读。

5. 为新建中队授中队旗

邀请学校领导、校外嘉宾、志愿辅导员等为各中队授中队旗。授旗人员在主席台站定后，礼仪队员将队旗递交给授旗人员，各中队队员代表接受授旗，向授旗人员敬队礼，回到中队前列立正执旗。授旗人员、礼仪队员、中队代表均应有序上下场。授旗时可播放主题向上、节奏欢快的音乐。

6. 为新建中队聘请中队辅导员

聘任决定一般由学校党支部书记、学校校长宣读。参会领导、嘉宾为中队辅导员颁发聘书，少先队员代表为中队辅导员敬献红领巾。

7. 重温入队誓词

一般由学校共青团员、老少先队员领誓。宣誓时，少先队员面向大队旗，跟随领誓人右手举拳至肩上，拳于耳侧，拳心向左前方。旗手执大队旗倾斜，旗面朝向队员，护旗手执旗帜两角展开旗面。各中队旗手跟随宣誓。

8. 呼号

学校大队辅导员，党、团组织负责人或拥护党的领导，对祖国有特殊贡献，可以作为少先队员表率的人带领队员呼号。呼号时，领呼人面向队员，在“呼号”动令后，领呼人和全体少先队员举右拳至肩上，拳于耳侧，拳心向左前方，进行呼号。呼号完毕，领呼人落下右拳，全体少先队员随之落下右拳。旗手执旗立正呼号。

领呼人：准备着，为共产主义事业而奋斗！

少先队员：时刻准备着！

9. 退旗

主持人发出“退旗，敬礼”的动令后，鼓号队现场演奏或播放《退旗曲》，少先队员、少先队辅导员敬队礼，其他人员行注目礼，各中队旗手执旗敬礼。旗组按原出旗路线退旗。

主持人动令“礼毕”后旗手端旗礼毕，旗杆末端紧靠右脚，戳于地面，旗杆与地面垂直。

10. 仪式结束

典型案例

红领巾相约中国梦　不忘初心跟党走

枣庄市第四十一中学初中建队仪式

一、活动目的

为增强中学生理想信念教育的针对性和实效性，使中学少先队作为党领导的少年儿童群众组织的特点更加鲜明，让少先队员更好地凝聚在共青团和少先队组织的旗帜下，进一步增强少先队员的光荣感和组织归属感。

二、活动时间

少先队建队纪念日期间。

三、活动地点

学校操场。

四、参与主体

枣庄市第四十一中学初一年级新生，初一年级各中队辅导员，新一届大队委委员，学校党、团组织负责人。

五、活动程序

活动由少先大队大队长主持。

1. 全体立正，介绍活动主题

女：尊敬的各位领导、各位来宾，

男：少先队员们、辅导员老师们，

合：大家好！

男：金风飒飒，硕果累累，

女：歌声嘹亮，队旗飘飘，

男：今天我们相聚在这里，隆重举行“红领巾相约中国梦 不忘初心跟党走”——枣庄市市中区初一年级建队仪式。

女：今天到场的领导和来宾有：

……

让我们再次以热烈的掌声欢迎各位领导的到来。

2. 宣布活动开始，出旗

男：红领巾在胸前飘扬，星星火炬指引我们方向。

女：向着未来我们勇敢前进，决不辜负长辈的期望。枣庄市市中区初一年级建队仪式，

合：现在开始！

女：出旗，敬礼！礼毕。（音乐：《出旗曲》）

3. 唱队歌

女：唱队歌！

4. 学校党组织宣读初一年级建队和聘任辅导员决定

男：请校长宣读枣庄市第四十一中学初一年级建队、聘任中队辅导员决定。

5. 授中队旗，颁发聘书

女：下面请领导为初一年级各中队授中队旗。

男：接下来请领导为中队辅导员颁发聘书。

女：请少先队员代表为辅导员敬献红领巾！

6. 重温入队誓词

男：是否记得那年，我们曾经握拳的右手举起说出的铮铮誓言。下面让我们重温这一庄严时刻，将责任铭记于心间。请副大队长 ××× 带领我们重温入队誓词。

7. 传递红色旗帜

男：团旗跟着党旗飘扬，我们的队旗紧紧跟上，少年的梦融进中国梦，中国梦就在不远的前方！下面，让我们共同聆听前辈的寄语。（音乐：《红旗颂》，寄语即将结束时从后向前传递巨幅旗帜）

党组织代表 ×××：

没有共产党就没有新中国，没有共产党就没有今天的好日子。我是一名党员，我坚信党会带领我们创造更美好的明天。现在我把这面党旗交给你们，希望你们永远跟党走！

志愿辅导员代表 ×××：

少先队员们，我手中的这面旗帜，是烈上的鲜血染红的，它象征着我们伟大的祖国。现在我把这面国旗交给你们，也把未来和希望交给你们！

教师团员代表 ×××：

亲爱的少先队员们，我是你们的共青团员大哥哥（大姐姐），“爱国、进步、民主、科学”的五四精神永远激励着我们，到党和祖国最需要的地方去，挥洒青春和汗水。现在我把这面团旗交给你们，希望你们快快长大，早日成为一名光荣的共青团员！

中队辅导员代表 ×××：

少先队员们，你们是祖国的未来，民族的希望，共产主义事业的接班人，希望你们牢记总书记的要求，要“爱祖国、爱人民、爱劳动、爱科学、爱社会主义”，时刻把祖国和人民放在心中，从小听党的话、跟着党走，努力做祖国和人民需要的好孩子，做祖国和人民事业发展的接班人。现在我把这面鲜红的队旗交给你们，让星星火炬永放光芒！

8. 领导讲话

女：我们的成长离不开领导的关心与厚爱，离不开老师的教诲与叮咛。下面请区委书记 ××× 讲话，大家欢迎！

……

9. 呼号

女：下面，请大队辅导员 ××× 带领大家呼号。

10. 退旗

男：退旗，少先队员向队旗敬礼！（音乐：《退旗曲》）

男：礼毕。

11. 仪式结束

女：少先队员们，从今天开始我们不再是稚嫩的儿童，我们将以成熟的笑容面对明天、面对未来。

男：让我们从小学习做人、从小学习立志、从小学习创造，立志向、有梦想、爱学习、爱劳动、爱祖国。

女：在党的阳光沐浴下，在星星火炬的照耀下，让我们为实现中华民族伟大复兴的“中国梦”时刻准备着！

男：“红领巾相约中国梦　不忘初心跟党走”——枣庄市市中区初一年级建队仪式到此结束！（音乐：《红领巾飘起来》）

四 离队仪式

仪式规范

一、工作目标

通过规范少先队离队仪式，深化少先队仪式教育，加强团队有效衔接，形成团队一体化工作机制。

二、教育意义

通过带领少先队员回顾、见证自己在少先队组织教育下的健康成长经历，巩固少先队教育成果，激励队员以更高的要求向共青团组织迈进，将来更好地为实现中华民族伟大复兴的中国梦贡献力量。

三、活动时间

八年级第二学期期末。

四、活动地点

可以安排在校园内，也可以根据当地和学校情况，安排在烈士陵园、纪念广场、英雄雕像、有纪念意义的建筑或场馆等地点举行。

五、活动准备

仪式前请队员回顾自己在少先队组织里难忘的小故事，准备题为《我与红领巾的故事》的发言素材；邀请教师、家长、校长作为嘉宾参与活动，并请教师和校长准备寄语内容；推选主持人、撰写主持词。

六、活动程序

1. 全体立正，仪式开始

2. 出旗（奏《出旗曲》，全体少先队员敬队礼）

3. 唱队歌

4. 大队委员会宣布超龄离队人数

5. 即将离队的少先队员代表发言

6. 少先队辅导员寄语

7. 向队旗行队礼

8. 呼号

9. 退旗（奏《退旗曲》，全体队员敬礼）

典型案例

迈入青春门　拥抱新时代

济宁市运河实验中学2016级少先队员离队仪式

一、活动目的

举行规范的少先队离队仪式，加强团队有效衔接，形成团队一体化工作机制，使少先队员切身感受仪式教育的感染力，激励队员以更高的要求向共青团组织迈进。

二、活动时间

2017年10月13日下午2：30。

三、活动地点

学校二楼报告厅。

四、参与主体

八年级全体少先队员、中队辅导员。

五、活动程序

主持人：尊敬的老师们，亲爱的同学们，大家好！

青春是一把火，在黑暗的道路上照亮前方的坎坷；青春是一首诗，用优美的词汇描绘着多彩的人生；青春是我们最珍贵的财富，展示着我们的欣喜。今天，让我们一起告别红领巾，迈向青春。现在我宣布，“迈入青春门　拥抱新时代”——济宁市运河实验中学2016级少先队离队仪式现在开始！

1. 全体立正，仪式开始

主持人：请全体起立。

2. 出旗

主持人：敬礼！

3. 全体少先队员齐唱队歌《我们是共产主义接班人》

4. 大队委员会宣布超龄离队人数

5. 少先队员代表发言《说说我与红领巾的故事》

主持人：蓦然回首，八年的校园生活中，我们的队旗高高飘扬，指引我们前进的方向，鲜艳的红领巾系满梦想，承载着我们扬帆起航。少先队——这个神圣的组织，曾在我们的人生路上指明了前进的方向，给予了我们无穷的力量。即将要离队，我相信在座的少先队员们一定有很多心里话想说，下面请少先队员代表，2016级六中队 ××× 讲一讲他们中队与红领巾的故事，大家欢迎！

……

6. 少先队辅导员寄语

主持人：在我们成长的道路上，老师是舵手，指引我们奔向光辉灿烂的未来，下面请 ××× 老师上台，为即将迈进青春之门的我们送上青春寄语。大家掌声欢迎！

……

感谢辅导员老师的分享，感谢老师们对我们提出的殷切希望！在今后的人生道路上，这些谆谆教诲，将成为我们成长路上的点点繁星，为我们照亮前方的道路！

7. 少先队员向队旗敬队礼

主持人：即将离开少先队的怀抱，无法忘记红领巾在学习、生活中陪伴我们的那些日子。今天，我们告诉红领巾，我们长大了！即将开始一段新的征程，追求更高更远的目标。现在请全体少先队员们起立！面向队旗，再行一次庄严的队礼！（敬礼！礼毕。）

8. 呼号

9. 退旗

主持人：同学们，虽然离开了少先队大家庭，但我们仍然要保持少先队员那种努力学习、奋勇争先的优秀品质。让少先队的精神终身激励同学们朝着更高的目标奋进，努力学习，积极向团组织靠拢，用先进人物的事迹鼓舞自己。退旗！（敬礼！礼毕。）

（注：以下为学校特色环节，非基本程序）

10. 跨入青春之门、颁发青春护照

主持人：青春的大门已经向我们敞开！让我们挺起胸膛，带着青春的微笑，一起迈入青春门，拥抱新时代。请全体同学起立，两人一队，有序迈入青春之门。请学校团委书记 ××× 为同学们颁发青春护照。（音乐：《青春之歌》）

11. 青春宣誓

主持人：青春无悔！让我们用向上的思想、阳光的心态面对青春，我们立志，让青春在人生的阅历上留下闪光的一页！请同学们举起右拳，跟我宣誓！

青春誓词：珍惜青春年华，立志好好学习；履行公民职责，承担社会义务；弘扬中华正气，传颂千年美德；甘洒青春热血，建设锦绣中华。宣誓人：×××。

12. 校长寄语

主持人：下面请同学们用热烈的掌声欢迎学校党支部书记、校长 ××× 讲话。

……

感谢校长语重心长的青春寄语。各位同学，今天的活动是一次严肃而庄重的教育，更是一次心灵的洗礼。“天行健，君子以自强不息”，相信今天所有的同学们都能在这次活动中获得动力，在以后的学习生活中取得更大的进步！

13. 青春合影

主持人：同学们，告别红领巾，我们已经迈出了青春的第一步，开始了新的人生征程。“百川东到海，何时复西归？少壮不努力，老大徒伤悲！”希望同学们趁青春年少，发奋学习，放飞梦想，收获希望，早日成长为祖国的栋梁！请记住这神圣的一刻！各班级依次在青春门下留下青春倩影。

14. 青春风采展示

主持人：青春就是一个舞台，展示着我们的风采，在今天这样一个特殊的日子里，请同学们为大家献上精彩的节目，舞动青春，掌声响起！

从今天起，就让我们扬起青春的风帆，勇敢地追逐自己的青春梦想！相信我们定能收获自己美好的青春！

下面我宣布，济宁市运河实验中学2016级“迈入青春门　拥抱新时代”少先队员离队仪式到此结束！

五 入团仪式

仪式规范

一、工作意义

入团仪式，全称为新团员入团宣誓仪式。《中国共产主义青年团章程》中对于共青团的性质有明确说明：中国共产主义青年团是中国共产党领导的先进青年的群团组织，是广大青年在实践中学习中国特色社会主义和共产主义的学校，是中国共产党的助手和后备军。对于政治上追求进步、行为上表现积极、具有良好的共产主义品德并且愿意加入团组织的青年，年龄符合要求，承认团的章程，愿意参加团的一个组织并在其中积极工作，执行团的决议和按期交纳团费的，可以向团组织提出申请，通过考察后可以吸收入团。

对每一名学生而言，从一个普普通通的青少年成为一名共青团员，都要经历一个特殊的仪式，那就是入团宣誓仪式。

二、基本原则

1. 注重制度化

新团员入团都要参加入团仪式。团的基层委员会、总支部委员会或支部委员会要按照规定定期组织举行入团仪式。

2. 注重程序性

举行入团仪式要做到基本程序规范到位，各个环节严谨顺畅，体现发展团员工作的严肃性和庄重性。

3. 注重感染力

通过举行入团仪式，使青少年感受加入团组织的光荣感，增强对团组织的归属感，激发为共产主义事业而奋斗的使命感。

4. 注重创新性

在规定的基本程序的基础上，鼓励各地各学校结合自身特色及学生特点，抓住教育契机进行入团仪式的创新，使得入团仪式实现更好的教育意义。

三、活动时间

入团仪式原则上应在上级团组织批复新发展团员之后一个月内举行，学校应在三个月内举行。各单位也可以根据实际情况，选择安排在“五四青年节”“七一建党节”“十一国庆节”“一二·九运动纪念日”等特殊时间节点举行，使入团仪式更有纪念意义。

四、活动地点

入团仪式可以在室内举行，也可以在室外举行。有条件的单位，可尽量选择在爱国主义教育基地、革命传统教育基地等场所举行。

五、参与主体

入团仪式的参加者包括新吸纳入团的团员、老团员代表、上级团组织的代表或本级团组织负责人等。入团仪式原则上可以由团的基层委员会、总支部委员会或支部委员会组织，团小组不能组织。入团仪式可以邀请同级党组织负责人参加，一般还应吸收入团积极分子到仪式现场观摩。

六、活动准备

仪式现场需要悬挂团旗，并能够提供条件播放国歌、团歌，为入团仪式营造浓郁的活动氛围。提前确定各环节流程，确定发言人顺序。

七、活动程序

1. 入场就位，仪式开始

2. 奏（唱）国歌

3. 主持人说明举行入团仪式的意义，宣布新团员名单

4. 向新团员颁发团章、团员证和团徽，并将团徽佩戴在左胸前

5. 上级团组织的代表或本级团组织负责人带领新团员宣誓

宣誓人面向团旗立正，右手握拳，举过右肩。领誓人逐句领读入团誓词，宣誓人跟读。当领誓人念到“宣誓人”时，所有宣誓人应分别报出自己的姓名。

6. 入团介绍人代表宣读《团章》中有关团员的义务和权利的条款

7. 新团员代表发言

8. 老团员代表发言

9. 党组织负责人、上级团组织的代表或本级团组织负责人讲话，对新团员提出希望和要求

10. 奏唱团歌

11. 仪式结束

在严格履行基本程序的基础上，可对入团仪式内容和形式进行进一步充实和创新。参加入团仪式的学生须统一着装，成人须着正装出席，是团员的须佩戴团徽。

八、共青团员应知应会

1.《中国共产主义青年团章程》

它是中国共产主义青年团贯彻落实党的精神和领导的行动纲领。其中包含总则、团员、团的组织制度、团的中央组织、团的地方和军队中的组织、团的基层组织、团的干部、团的纪律、团旗团徽团歌、团的经费、团同少年先锋队的关系等十个章节。2018年6月29日中国共产主义青年团第十八次全国代

表大会，通过了修订后的《中国共产主义青年团章程》。

2. 团旗

中国共产主义青年团团旗旗面为红色，象征革命胜利；左上角缀黄色五角星，周围环绕黄色圆圈，象征中国青年一代紧密团结在中国共产党周围。团的重要会议以及团日活动可以使用团旗。中国共产主义青年团团旗，是中国共产主义青年团的标志。

3. 团徽

中国共产主义青年团团徽的内容为团旗、齿轮、麦穗、初升的太阳及其光芒，写有“中国共青团”五字的绶带。它象征着共青团在马克思列宁主义、毛泽东思想的光辉照耀下，团结全国各族青年，朝着党所指引的方向奋勇前进。

扫码观看中国共产主义青年团团史视频

4. 中国共产主义青年团团史

1921年7月，中国共产党成立。1922年5月，在党的直接领导下，中国社会主义青年团在广州召开第一次全国代表大会，成立了全国统一的组织。

1925年1月，在团的第三次全国代表大会上，决定将中国社会主义青年团改名为中国共产主义青年团。1935年11月，为团结一切抗日青年，反对日本帝国主义的侵略，党决定将共青团组织改造成为民族解放性质的抗日救国的青年团体。抗日战争胜利后，为适应新形势和新任务的需要，党中央在1946年10月提议建立民主青年团。1949年元旦，党中央又作出建立中国新民主主义青年团的决议。

1949年4月，召开新民主主义青年团第一次全国代表大会，宣告中国新民主主义青年团正式成立。1957年5月，中国新民主主义青年团召开第三次全国代表大会，决定把团的名称改为中国共产主义青年团。大会还决定把中国社会主义青年团、共产主义青年团和新民主主义青年团的历次代表大会衔接起来。1964年6月，共青团第九次全国代表大会召开。

“文化大革命”期间，团的组织被破坏，团的工作处于停顿状态。1978年10月中国共产主义青年团第十次全国代表大会召开，1982年12月共青团第十一次全国代表大会召开，1988年5月共青团第十二次全国代表大会召开，1993年5月共青团第十三次全国代表大会召开，1998年6月共青团第十四次全国代表大会召开，2003年7月共青团第十五次全国代表大会召开，2008年6月共青团第十六次全国代表大会召开，2013年6月共青团第十七次全国代表大会召开，2018年6月共青团第十八次全国代表大会召开。

扫码收听《中国共产主义青年团团歌》音频

5. 中国共产主义青年团团歌

光荣啊，中国共青团

我们是五月的花海，
用青春拥抱时代；
我们是初升的太阳，
用生命点燃未来。

“五四”的火炬，
唤起了民族的觉醒。
壮丽的事业，
激励着我们继往开来。
光荣啊，中国共青团，
光荣啊，中国共青团，
母亲用共产主义为我们命名，
我们开创新的世界。

扫码观看团员证作用MG动画

6. 团员证作用

中国共产主义青年团团员证功能：(1)证明团员政治身份；(2)转接团员组织关系；(3)方便团员参加团内活动；(4)记载团员获得的团内奖励；(5)进行团员年度团籍注册；(6)作为团员参加团内民主选举和表决的资格证明；(7)作为团员超龄离团后的永久纪念。

九、活动素材

1. 中国共产主义青年团入团宣誓誓词

我志愿加入中国共产主义青年团，坚决拥护中国共产党的领导，遵守团的章程，执行团的决议，履行团员义务，严守团的纪律，勤奋学习，积极工作，吃苦在前，享受在后，为共产主义事业而奋斗。

2. 老团员代表发言稿

尊敬的各位领导、老师，亲爱的同学们：

大家好！很高兴能作为老团员代表在这里发言！

今天能够再次见证这个庄严而神圣的入团仪式，又有一批新同学加入了中国共产主义青年团这个温暖的大家庭。在此，我对各位新团员表示最衷心的祝贺！

共青团是党领导的先进青年的群团组织，是我们在实践中学习中国特色社会主义和共产主义的学校，是党的助手和后备军。回顾共青团的历史，一批又一批团员在共青团组织中奉献、友爱、互助，在共青团组织中实践、成长、进步，共青团组织为我们展示了更高的人生理想和多彩的精神世界。

加入共青团的我们，既是满怀理想的爱国青年，也成为团组织可以信任的力量。加入共青团，是我们政治选择中的重要一步。从此刻起，我们要牢记习近平总书记的嘱托，努力学习科学文化知识，培育和践行社会主义核心价值观，不断丰富完善自身，成长为中国特色社会主义事业的建设者和接班人。

同学们，入团是一种信仰、一份责任、一种力量，让我们新老团员高举团旗，一起努力，为团旗添色，为团徽增光。

谢谢大家！

典型案例（一）

扫码观看入团仪式示范视频

忆青春　我们的点滴回忆

青岛第十七中学入团仪式

一、活动目的

入团仪式是一种身份的转变。看似简单的仪式过后，将有许多的新团员从此以全新的身份开始他们的学习生活，这种身份的转变本身就是一种激励。在每个入团仪式中，都会有老团员或是领导的致辞，其主要目的就是期望通过“过来人”的话语，激励青年团员继续拼搏进取。“如何让青年人感受到自身身份的转变”“如何让青年团员在老团员和领导们的寄语中找到共鸣”是非常重要的。本次入团仪式期望通过微视频的形式对老团员代表的发言进行创新，为每一个新团员带来与众不同的感受。

二、活动时间

2016年5月4日16：30—17：30。

三、活动地点

山东省青岛第十七中学党员活动室。

四、参与主体

学校团委书记、学校团委会学生干部、全体新团员学生。

五、活动程序

1. 奏（唱）国歌

2. 主持人说明入团仪式的意义，宣布新团员名单

3. 团委会干部为新团员佩戴团徽、颁发团章和团员证

4. 学校团委书记 ××× 带领新团员宣誓

5. 团委书记宣读《团章》中有关团员义务和权利

6. 新团员 ××× 代表新团员发言

7. 观看微视频《忆青春　我们的点滴回忆与期许》

8. 学校团委书记 ××× 讲话

9. 奏唱团歌（播放团歌）

六、活动创新点

考虑到学校团员发展的对象是学生，他们每天的生活大部分时间是在学校度过，给他们留下记忆最深的，往往就是他们在学校生活中的那些点点滴滴，同时最能够给予他们鼓励与支持的就是他们的身边人——家长、同学。因此与传统入团仪式不同，青岛第十七中学团委在入团仪式上，将老团员代表的发言改为组织所有新团员共同观看自拍微视频《忆青春　我们的点滴回忆与期许》，感受不一样的入团仪式。

微视频拍摄前，青岛十七中团委以基层团支部为单位，收集发展对象学习与生活中的照片。有的是他们在支部活动中的展示，有的是他们默默奉献参与志愿活动时被抓拍到的身影，将这些内容编辑制作成短片，引领新团员回顾在学校的日子，回顾他们的过去。同时学校团委还邀请了新团员的身边人，如师长、支部中的老团员等，通过拍摄短视频，为每一个新团员送上一段寄语，配合剪辑到整个微视频当中。

看似简单的编排，一个几分钟的微视频，既有对过去的回忆，又饱含对未来的期许，让每一位在场的青年团员都为之动容，起到了良好的教育作用。

典型案例（二）

舰艇上的入团仪式

青岛市盲校入团仪式

一、活动目的

旗帜指引方向，信仰凝聚力量。入团仪式是每一个团员必须经历的重要仪式，对于新团员入团有着不可或缺的意义。对入团仪式本身而言，首先要做到的是严格规范入团仪式流程，如果选取具有特殊意义的时间节点与活动地点，就可以使仪式本身更具感染力，让团员在特殊的仪式时间、地点感受入团仪式的庄严。结合仪式地点的特殊性，回顾历史演变与时代特征，感受现如今美好生活的来之不易，感受团员这一身份的光荣之处，从而激发团员青年的责任感与使命感，促使每一名团员青年能够严格要求自己，以身作则、率先垂范，在今后的学习、工作和生活中充分发挥先进青年的模范作用。

二、活动时间

2017年5月4日9:00—11:30。

三、活动地点

青岛市三号码头军港。

四、参与主体

学校党支部书记、学生处主任、学校团委书记、学校高中及中专全体团员学生、中国人民解放军某舰官兵。

五、活动准备

校内提前将教师分组，组织好盲人学生的乘车、登船工作；校外与舰队提前取得联系，布置现场团旗、团歌的呈现方式。

六、活动程序

1. 奏（唱）国歌

2. 主持人说明入团仪式的意义，宣布新团员名单

3. 学校与舰队领导为新团员佩戴团徽、颁发团章和团员证（播放音乐：《青春梦想》）

4. 青岛市教育系统“最美团支书”代表 ××× 带领新团员宣誓

5. 学校团委书记宣读《团章》中有关团员义务和权利

6. 新团员 ××× 代表新团员发言

7. 青岛市优秀共青团员 ××× 代表老团员发言

8. 学校党总支书记讲话

9. 奏唱团歌（播放团歌）

10. 盲人团员参观舰艇，感受国防力量，合影留念

七、活动创新点

青岛市盲校的入团仪式，结合地域特色，联系驻岛海军舰队，将盲人学生入团仪式地点定位在舰艇平台。无论是从登船、参观舰艇，还是海上入团仪式，都带给团员学生不一样的感受。

青岛市盲校的青年团员身份很特殊，他们是盲人或弱势群体，他们因为眼睛的缺陷，更多时候需要通过其他的感官去感受一项活动，舰艇上的入团仪式就可以很好地满足这一需求。舰艇上的入团仪式可以营造一种更加特殊的氛围，听着海浪拍打军舰的声音、海鸥鸣叫的声音，感受着海风吹来的气息，和海军官兵站在一起，共同参加入团仪式，为每一个学生团员留下难忘的回忆。舰艇上的入团仪式除了作为一个仪式教育，另外还兼具一个参观的功能，让青年团员在舰艇上实地参观，感受海军国防力量，增添对祖国的热爱，增强保卫祖国、为祖国增光添彩的责任感与使命感。

团　旗

团　徽

团员证

团　章

扫码观看团旗
基本介绍

扫码观看团徽
基本介绍

入团仪式示范活动

入团宣誓

六 成人礼仪式

仪式规范

一、成人礼概念

成人礼，又称“成年礼”“成丁礼”。中华民族古时成人礼指冠礼和笄礼，是传统文化中的一种礼俗，从西周一直延续到明朝。男子满20岁时行冠礼，女子满15岁后行笄礼。

现代成人礼是指在少男少女年满十八周岁时举行的象征迈入成人阶段的仪式，是中国改革开放后出现的一个特有的教育现象。它不仅能够帮助青少年认识到成人的必然性和重要意义，帮助青少年建立自觉的成人意识，做好步入成人的思想准备，同时也可以指导青少年以健康的心态、正确的人生观念去选择未来的成人之路。

二、工作目标

举办成人礼仪式，目的在于增强学生的成人意识，明确成人身上所要肩负的使命。强化成年公民的责任意识，从而自觉行使公民权利，自觉履行公民义务。

通过参加成人礼仪式，使学生认识成人之后该承担的家庭责任，了解一名合格公民的社会责任，开始离开父母的呵护，独立走向社会。

三、教育意义

年满十八岁是青少年步入成人的重要标志，也是他们生活的一个新起点。在人生阶段中，十八岁是一个人步入成人的重要标志，是其世界观、人生观、价值观初步形成的关键阶段；在法律上，年满十八岁则意味着步入成年，将依法享受全部的公民权利，同时也要依法承担起全部的公民义务；在公民道德方面，十八岁意味着奉献和付出、勇敢和执着，意味着要肩负起时代的重托，树立强烈的责任意识和使命感，服务他人，回报社会；在个性品质方面，青少年在即将步入十八岁时更要注意培养自身的自立意识和创新精神，并在实践中注重自我约束、自我教育、自我管理、自我提高，使自己逐步具备更良好的品质、观念和能力，成为高水平、高层次的创新型人才。

四、开展现状

十八岁成人礼这一教育活动得到了中央有关部门的充分肯定，先后被纳入《爱国主义教育实施纲要》《公民道德建设实施纲要》等文件中。共青团中央先后下发了一系列关于深入开展十八岁成人礼教育活动的文件和意见，对活动给予了指导，并制定了相应规范。

五、活动时间

每年的五四青年节前后。

六、活动地点

举行成人仪式的地点既可以在校内，也可以在爱国主义教育基地、国防教育基地、社会实践基地、志愿服务基地等有教育意义的校外场所。现场须悬挂国旗，布置“成人门”，营造庄重严肃的氛围。

七、活动准备

节目选择及排练；升国旗、唱国歌相关准备及排练；家长和学生代表读信准备及彩排；集体互动环节策划；师长代表演讲；学生宣誓环节的誓词及相关彩排；物品准备：十八岁成人纪念章，成人门，音响设备舞台等。

八、活动程序

1. 升国旗、奏唱国歌

2. 学习习近平总书记对青年的寄语

3. 师长代表致辞

4. 家长代表致辞

5. 师长、家长为参加学生佩戴成人帽或成人纪念章，赠送

《中华人民共和国宪法》

6. 参加学生向师长、家长鞠躬行感恩礼

7. 参加学生代表发言，表达感恩之情、承诺成人责任、展望青春梦想

8. 参加学生朗诵经典

9. 参加学生面向国旗庄严宣誓

10. 奏放团歌旋律，参礼学生迈过成人门

典型案例

扫码观看成人礼仪式
规范示范视频

感恩成长　奋斗青春

淄博市周村区2018年十八岁成人礼仪式

一、活动目的

加强青少年思想道德文化教育，勉励青年学子勇于承担成年人的责任与义务，在新的人生历程中，励志自强、逐梦青春、奉献社会，为实现报效祖国的远大理想和抱负而努力奋斗。

二、活动时间

2018年5月21日下午4：18。

三、活动地点

周村区实验中学体育场。

四、参与主体

实验中学高二年级全体师生，团市委领导，区领导，全国劳模代表，周村区2018年“最美青年”个人及集体代表，家长代表。

五、活动程序

1. 暖场

大屏幕播放学生在校表现的照片（尤其是军训、祭扫烈士陵园、合唱比赛、运动会等活动的照片，最好有个人特写照片），背景音乐《一起走到》《my way》《一人一梦》《梦的怒放》等。家长进场，领导入场就坐。

2. 开场节目

大会正式开始前，大屏幕播放“习近平总书记对青年寄语内容”，然后播放成人礼开幕片《今年我十八岁》。

3. 仪式开始

四位主持人上场。（歌曲音乐未落前，上场走到舞台中央）

教师主持A：尊敬的各位领导、各位来宾，

教师主持B：亲爱的家长们、老师们、同学们，

合：大家下午好！

学生主持A：我们的十八岁，朝气蓬勃旭日般的青春；

学生主持B：我们的十八岁，清新芬芳甘露般的年华；

合：我们在感恩中见证成长，我们，做学校骄傲的学生。

教师主持A：你们的十八岁，人生航线上的新起点；

教师主持B：你们的十八岁，生命路途中的里程碑；

合：你们在奋斗中展现青春，我们，做学生喜欢的老师。

教师主持A：今天，我们在这里举行以“感恩成长　奋斗青春”为主题的成人礼仪式，让我们共同见证这一生命中极为重要的时刻，让十八岁的青春在我们生命中留下一段深深的痕迹。

教师主持B：下面请允许我介绍参加今天成人礼仪式的各位来宾，他们是：

……

教师主持A：今天我们还特别邀请到了周村区最美青年的代表 ×××。

教师主持B：参加成人仪式的还有专程赶来的各位家长。让我们对他们的到来表示热烈的欢迎和衷心的感谢！

教师主持A：下面我宣布，周村区2018年十八岁成人礼仪式现在开始！

4. 升国旗，唱国歌

教师主持A：请全体起立，升国旗，唱国歌！请坐。

5. 诗朗诵《成长的印记》

（学生主持两人，站一侧主持）

学生主持A：曾经，我们众志成城，在趣味运动会上反复跌倒反复爬起；

学生主持B：曾经，我们团结一致，在合唱比赛中展现豪迈与自信；

学生主持A：曾经，我们意气风发，在文昌湖远足的路上高唱青春无悔；

学生主持B：曾经，我们斗志昂扬，在“联合国运动会”上绽放青春与激情。

学生主持A：不知不觉间，我们悄悄成长；不知不觉间，我们慢慢成才。

学生主持B：青春岁月，储满希望。父母的养育，老师的教诲，让我们成长在这幸福的校园时光里。

学生主持A：今天，同学们将自己成长的诗作献给亲爱的爸爸、妈妈，献给亲爱的老师和学校。请听由我们的同学，老师和家长带来的诗朗诵《成长的印记》。

（朗诵同学、老师和家长上台，站定，音乐起）

6. 女生小合唱《老师》

（学生主持两人，站一侧主持，演员上台）

学生主持A：成长的印记是我们十八年青春的纪念。今天，十八岁青春的记忆将要过去，是老师帮我们上演这十八岁火红的美丽。谆谆教诲，是老师扶着我们走完了这一段青春的征程。

学生主持B：老师就像我们人生路上的一盏盏指路明灯，你们总是在我们迷惘的时候用温暖的灯光为我们照亮前行的方向。老师为求知若渴的莘莘学子奉献一生。在这里，让我们用歌曲《老师》表达对你们的感恩。

7. 家长学生代表读信

（学生主持两人，站一侧主持）

学生主持A：老师教给我们知识，我们感恩。家长们陪伴我们成长，我们却从没有一句感谢。

学生主持B：从小到大，我们淘气，我们撒娇，我们任性，我们叛逆，父母却全都包容了我们。

学生主持A：今天，我们长大了，我们可以展翅高飞了，可我们的父母却在慢慢变老，他们曾经年轻的容颜上爬满了岁月的痕迹，他们曾经挺直的腰板承受了太多来自我们的压力。

学生主持 B：父爱如山，母爱似水。我们的父母在我们的成人礼仪式上还有很多的话要对我们嘱咐，我们也有很多话想对父母诉说。下面请家长代表 ××× 和学生代表 ××× 上台，读出他们的心声。

（读信终，《父亲》前奏音乐起，家长学生拥抱，退场）

8. 歌曲《父亲》

全体家长、学生互读信件。（教师主持两人，主持人要指挥学生和家长的行动）

教师主持 A：父亲的爱是深沉的，母亲的爱是温柔的，而你们享受了十八年来自父母的关爱。站在即将成人的门槛上，爸爸妈妈有太多的叮咛和牵挂；站在即将成人的门槛上，孩子们也有太多未曾出口的表达。

教师主持 B：就让那万语千言都融汇在一封家书里，让深情在字里行间尽情流淌。接下来，请全体家长和同学们起立，请你们面对自己的父母，仔细端详一下自己的爸爸妈妈。为了你，父母添了白发，为了你，父母多了皱纹，但是他们永远不计任何代价地付出，永远不会有丝毫怨言。同学们，请为爸爸妈妈深深地鞠个躬，感谢他们这十八年的养育恩情。并说一声，妈妈，我爱您！爸爸，您辛苦了！请孩子们拿出你写的信，交给爸爸妈妈，也请爸爸妈妈把写给孩子的信交给他们。（音乐：《拉着妈妈的手》）

教师主持 A：请同学们怀着一颗感恩的心深情拥抱自己的父母吧，用拥抱来感谢父母，用拥抱来告诉父母：我们已长大，昨天父母们辛苦打拼为支撑这个家，今天我们要好好学习让自己的羽翼更加丰满，明天我将带你们畅游世界、尽享天伦。

9. 最美青年代表演讲

（教师主持一人，站一侧主持）

教师主持 A：十八岁的青春充满了激情。十八岁的激情铸就梦想。习总书记告诫我们："有梦想，还要脚踏实地，好好读书，才能梦想成真。"五四一代人为追求未来中国之梦想，用奋斗拯救民族于危亡。今天我们成年，秉承前辈之壮志，为追求中国梦的实现，也要用奋斗努力拼搏人生。今天，我们请来了周村区最美青年代表，他们是新时代为实现中国梦而奋斗的励志典型，他们是周村区脚踏实地为人民服务的杰出代表。有请他们上台，为他们献上鲜花，表达我们最诚挚的敬意！

我们要向他们学习，学习他们努力奋斗的坚强意志，学习他们脚踏实地的工作作风。我们要追随他们的脚步，为实现我们的梦想而奋斗！下面，我们请最美青年代表 ××× 为我们现场宣讲他们的奋斗历程。

……

10. 校长致辞

教师主持 A：相信在座的每一位同学都听到了最美青年代表的奋斗历程，他为同学们做出了表率，希望同学们也能用奋斗来诠释自己不一样的青春。这同时也是校长的愿望。

教师主持 B：在这个特殊的时刻，让我们以热烈的掌声欢迎校长致辞。

……

11. 学生成人宣誓

（学生主持两人，站一侧主持）

学生主持 A：从今天起，我们迈进了中华人民共和国公民的行列，我们肩负着国家富强，民族复兴的重大责任。

学生主持 B：从今天起，我们成了国家的主人，担当起建设国家的使命，努力成为理想远大、信念坚定、品德高尚、意志顽强的新一代。

学生主持 A：请全体同学起立，举起右手，跟我宣誓。

我是中华人民共和国公民。

我将遵守宪法和法律，

拥护中国共产党的领导，

正确行使权利，

忠实履行义务，

弘扬社会道德，

爱国、励志、求真、力行，

做有理想、有本领、有担当的好青年，

努力成为中国特色社会主义合格建设者和可靠接班人。

领誓人：×××（宣誓人：×××）。

学生主持 B：宣誓完毕，请坐。

12. 歌曲《壮志在我胸》

（学生主持两人，站一侧主持，演员上场）

学生主持A：我们已是年满18岁的共和国公民，我们已做好为实现中国梦奋斗的准备，但是在奋斗的路途中总有坎坷和荆棘，不可能永远一帆风顺。

学生主持B：我们已是年满18岁的共和国公民，英姿挺拔不惧怕艰险，因为有豪情壮志在我们心中永不改变，激励我们不断向前，勇敢面对精彩的人生。下面让我们共同唱响歌曲！

13. 佩戴成人纪念章，颁发纪念册。赠送《中华人民共和国宪法》，迈过成人门

学生主持A：十八岁，我们感恩成长；

学生主持B：十八岁，我们奋斗青春；

学生主持A：面对前方，我们摩拳擦掌；

学生主持B：面对挑战，我们迎难而上；

教师主持A：同学们，号角已经吹响，在这人生新的起点上，让我们把梦想装进青春的行囊，从今天起，上下求索，扬帆远航。

教师主持B：请来宾和家长们为同学们佩戴十八岁成人纪念章，颁发纪念册并赠送《中华人民共和国宪法》。

学生主持A：这一枚小小的纪念章，有着沉甸甸的意义。从此刻起，我们将退去幼稚，告别那无忧无虑的童年，送走纯真的少年；从此刻起，我们将肩负责任，学会独立面对波澜起

伏的人生。

学生主持B：请来宾和家长们牵起孩子的手，一起走过成人门，共走成人路。

14. 结语

学生主持A：十八年的岁月，我们从呱呱坠地的婴儿成长为朝气蓬勃的青年；

学生主持B：十八年的岁月，我们从单纯无知的少年成长为博闻强识的学子；

学生主持A：十八个春秋，凝聚了父母多少的关爱和劳苦。

学生主持B：十八个冬夏，汇集了老师多少的期盼与心血。

学生主持A：让我们心存感恩之心，谨遵父母和老师的嘱托，在这奋斗的青春里，以责任为桨，以梦想为帆，不惧风雨、不畏骇浪，勇敢远行。

学生主持B：我们一定能到达成功的彼岸，绽放生命的精彩！周村区实验中学2018年十八岁成人仪式到此圆满礼毕。再见！

丰富多彩的
成人礼仪式

七 离团仪式

仪式规范

一、工作目标

《中国共产主义青年团章程》规定："团员年满二十八周岁，没有担任团内职务，应该办理离团手续。团员加入共产党以后仍保留团籍，年满二十八周岁，没有在团内担任职务，就不再保留团籍。"离团仪式以"离团不离心"为目标，旨在教育引导青年团员不忘使命，积极进取，用勤学习、善创造、甘奉献的实际行动，为社会发展贡献力量。

二、工作意义

为了更好地凝聚广大青年团员的力量，充分发挥青年团员的创造力和引领作用，同时提醒青年团员不忘使命积极进取，真正担负起国家赋予新一代青年的责任和历史使命，成为社会主义现代化建设的有用人才，各单位应积极举办超龄团员离团仪式。

三、活动时间

五四青年节期间。

四、活动地点

单位会议室或红色教育基地。

五、活动准备

请示相关领导，确定方案、主题、议程；召开相关工作调度会，负责活动总指挥；筛选出本单位内的超龄团员；考察超龄团员日常表现，可挑选优秀超龄团员，拍摄典型事迹相关视频，或收集所有超龄团员的影像资料，制作视频；与上级团委对接证礼嘉宾，进行仪式音响布置，准备活动当天视频拍摄及后期制作等工作；检查离团仪式所需物品的存放，准备各环节背景音乐。

六、活动程序

1. 全体起立，奏唱团歌

2. 领导致辞

3. 领导宣读离团团员名单

4. 离团团员重温入团誓言

5. 赠送礼品，合影留念

6. 离团团员代表发言

7. 仪式结束

典型案例

离团不离心　青年勇担当

烟台市开发区高级中学2018年离团仪式

一、活动时间

2018年5月4日。

二、活动地点

学校三楼西会议室。

三、参与主体

校长、团委书记、5名离团团员及全体青年团员教师。

四、活动程序

1. 宣布活动开始

主持人：尊敬的各位领导、团员青年朋友们，大家下午好！

今天我们在这里举行简短而隆重的超龄团员离团仪式。下面我宣布，“离团不离心　青年勇担当”——烟台市开发区高级中学2018年离团仪式正式开始。今天应邀参加仪式的领导有校长 ×××、团委书记 ××× 以及5名离团团员、全体青年教师团员，让我们以热烈的掌声对大家的到来表示欢迎和感谢。

2. 全体起立，奏唱团歌

主持人：请全体起立，奏唱团歌。

3. 领导致辞

主持人：团组织是伴我们成长的地方，我们都很幸运，能够融入烟台开发区高级中学这个大家庭中。在这个大家庭中，有领导的关心与指导，给我们的成长与进步提供了很多支持和帮助。下面，让我们以热烈的掌声请校长致辞。

……

希望来自一句充满热情的鼓励，幸福来自一句真诚的祝福，成功来自长辈们的鞭策，让我们再次以热烈的掌声感谢校长，我们会把离团作为人生路上的新起点，今后的日子里一定继续提升自己，心中永存团徽精神！

4. 播放超龄团员的视频

主持人：光阴荏苒，岁月如梭，伴着青春的步伐，我们迎来了离团的日子。勇往直前的道路上，有志同道合的伙伴们相伴左右，一起拼搏，一起努力。那些美好的记忆，缱绻在成长的足迹里，熠熠生辉。让我们一起分享成长过程中的点点滴滴，请观看视频。

5. 领导宣读离团团员名单

主持人：朋友们，共青团员是我们曾经为之自豪的光荣称号，我们在团组织多姿多彩的活动中退去少年的青涩，逐渐走向成熟。今天，有5名同志要光荣离团了，相信在他们的心中，会永远怀揣着梦想与希望，永远充满着青春与朝气。请领导宣读离团团员名单。

6. 离团团员（代表）上台，重温入团誓言

主持人：入团时曾庄严许下的誓词仿佛还在耳畔萦绕。请离团团员上台重温入团誓词。

我志愿加入中国共产主义青年团，坚决拥护中国共产党的领导，遵守团的章程，执行团的决议，履行团员义务，严守团的纪律，勤奋学习，积极工作，吃苦在前，享受在后。为共产主义事业而奋斗。

宣誓人：×××。

7. 领导为离团团员赠送礼品

主持人：刚才我们在团旗下重温了入团誓词，用心审视，细细品读，我们能够真切地感受到多年来团徽精神对我们潜移默化的影响。多年来我们青年团员们在各项工作中尽心尽责，为单位发展做出了不懈努力。下面请领导为离团团员赠送纪念团徽。

希望大家能在迈向更高目标的时候，永远记得自己曾经是一名光荣的共青团员，并以此作为寻找新的归属感的动力。

8. 团旗下合影

主持人：请离团团员在团旗下合影留念。

9. 优秀离团团员代表发言

主持人：在今天离团的同志中，很多都是岗位优秀标兵，工作中的模范带头人。离团的一刻想必有很多话想表达，请离团团员代表×××发言。

……

感谢 ××× 的精彩发言。确实，我们要时刻牢记“组织上离团，思想上不离团，继续保持共青团员先进性”这一理念。时刻以一个共青团员的标准严格要求自己。共青团这几个神圣的字眼在我们心中永远不会被抹去，只要共青团需要，我们还会义无反顾地倾尽自己的绵薄之力。

10. 全体团员进行自由发言

主持人：在这样一个离开的时刻，我相信在座的各位，无论是共青团员还是离团团员，心中一定百感交集。现在大会进入自由发言时间，大家可以畅所欲言。

11. 宣布仪式结束

主持人：希望全体团员谨记“在团为团增色，离团为集体增光”的要求，请党组织、团组织放心，相信我们会继续发扬共青团员敢于拼搏、积极向上的优良作风，努力向党组织靠拢，政治上积极进取，业务上精益求精。在人生新的起点上不断进取，不断求得新的发展，发挥自己更大的作用！

最后，请允许我用一句话和大家共勉：离团不离心，青年勇担当。让我们心中装着党和国家，肩上扛着责任，继续努力，继续拼搏！

我宣布，“离团不离心　青年勇担当”——烟台市开发区高级中学2018年离团仪式到此结束。

12. 后续跟进阶段

(1)收集团员本次离团仪式的活动心得；

(2)追踪离团团员后续表现。

附　录

中国共产主义青年团章程

（中国共产主义青年团第十八次全国代表大会部分修改
2018年6月29日通过）

总　则

中国共产主义青年团是中国共产党领导的先进青年的群团组织，是广大青年在实践中学习中国特色社会主义和共产主义的学校，是中国共产党的助手和后备军。

中国共产党领导是中国特色社会主义最本质的特征，是中国特色社会主义制度的最大优势。中国共产主义青年团坚决拥护中国共产党的纲领，以马克思列宁主义、毛泽东思想、邓小平理论、“三个代表”重要思想、科学发展观、习近平新时代中国特色社会主义思想为行动指南。

中国共产主义青年团坚决贯彻党的基本理论、基本路线、基本方略，解放思想，实事求是，与时俱进，求真务实，团结全国各族青年坚定不移跟党走，为把我国建设成为富强民主文明和谐美丽的社会主义现代化强国，为最终实现共产主义而奋斗。

中国共产主义青年团在中国共产党领导下发展壮大，始终站在革命斗争的前列，有着光荣的历史。在建立新中国，确立和巩固社会主义制度，发展社会主义的经济、政治、文化的进程中发挥了生力军和突击队作用，为党培养、输送了大批新生力量和工作骨干。党的十一届三中全会以来，共青团根据党的工作重心的转移，紧密围绕改革开放和经济建设开展工作，为推进社会主义现代化建设事业作出了重要贡献，促进了青年一代的健康成长。中国特色社会主义进入新时代，共青团紧扣时代主题，锐意改革创新，坚持从严治团，团结带领广大青年在党的领导下奋力投身伟大斗争、伟大工程、伟大事业、伟大梦想的生动实践。

中国共产主义青年团在新时代的基本任务是：高举中国特色社会主义伟大旗帜，以习近平新时代中国特色社会主义思想为指导，坚定不移地贯彻党在社会主义初级阶段的基本路线，以经济建设为中心，坚持四项基本原则，坚持改革开放，切实保持和增强政治性、先进性、群众性，把培养社会主义建设者和接班人作为根本任务，把巩固和扩大党执政的青年群众基础作为政治责任，把围绕中心、服务大局作为工作主线，用社会主义核心价值体系教育青年，在建设中国特色社会主义的伟大实践中，造就有理想、有道德、有文化、有纪律的青年，努力为党输送新鲜血液，为国家培养青年建设人才，团结带领广大青年，自力更生，艰苦创业，积极推动社会主义经济建设、政治建设、文化建设、社会建设、生态文明建设，踊跃投身全面建成小康社会、全面深化改革、全面依法治国、全面从严治党实践，为实现“两个一百年”奋斗目标、实现中华民族伟大复兴的中国梦贡献智慧和力量。

中国共产主义青年团加强思想政治工作，把思想政治工作贯穿所开展的全部工作。组织青年学习马克思列宁主义、毛泽东思想、邓小平理论、“三个代表”重要思想、科学发展观、习近平新时代中国特色社会主义思想，广泛开展党的基本路线教育，爱国主义、集体主义和社会主义思想教育，社会主义核心价值观教育，中华优秀传统文化、革命文化、社会主义先进文化教育，近代史、现代史教育和国情教育，民主和法治教育，增强青年的民族自尊、自信和自强精神，树立正确的理想、信念和世界观、人生观、价值观，进一步增强对中国特色社会主义的道路自信、理论自信、制度自信、文化自信，努力使青年成为担当民族复兴大任的时代新人。对团员必须进行中国特色社会主义共同理想和共产主义远大理想教育。努力帮助青年学习现代科学文化知识，吸收和借鉴人类社会创造的一切文明成果，抵御资本主义和封建主义腐朽思想的侵蚀，不断提高青年的思想道德素质和科学文化素质。

中国共产主义青年团带领青年在经济社会发展中发挥生力军和突击队作用。紧扣我国社会主要矛盾已经转化为人民日益增长的美好生活需要和不平衡不充分的发展之间的矛盾，组织青年参加改革开放和社会主义现代化建设的实践，贯彻创新、协调、绿色、开放、共享的发展理念，促进科教兴国战略、人才强国战略、创新驱动发展战略、乡村振兴战略、区域协调发展战略、可持续发展战略、军民融合发展战略的实施，树立科学技术是第一生产力的观念，树立创新是引领发展第一动力的观念，掌握和运用先进的科学技术，学习和适应现代管理方式，诚实劳动，勇于创新，为发展社会生产力，增强综合国力，提高人民生活水平，实现我国经济社会发展的战略目标建功立业。

中国共产主义青年团贯彻党管青年原则，充分发挥党联系青年的桥梁和纽带作用，为党做好青年群众工作。积极协助党和政府管理青年事务，协调督促青年发展规划落实，主动承担适合承担的公共职能，服务国家治理体系和治理能力现代化。在维护国家和人民利益的同时代表和维护青年的具体利益，围绕党的中心任务，开展适合青年特点的独立活动，关心青年的工作、学习和生活，切实为青年服务，向党和政府反映青年的意见和要求，开展社会监督，同各种危害青少年的现象作斗争，保护和促进青少年的健康成长。

中国共产主义青年团高举爱国主义旗帜，坚决维护和发展全国各族青年之间的平等团结互助和谐，铸牢中华民族共同体意识；加强同香港特别行政区青年同胞、澳门特别行政区青年同胞、台湾青年同胞和海外青年侨胞的团结，按照“一国两制”的方针，共同促进香港、澳门长期繁荣稳定和祖国统一大业的完成。

中国共产主义青年团在维护我国的独立和主权，坚持和平友好、独立自主、相互学习、平等合作、共同发展的基础上，坚持正确义利观，积极发展同世界各国青年组织的交往和友好关系，积极参与推进“一带一路”建设，反对霸权主义和强权政治，维护世界和平，促进人类进步，推动构建人类命运共同体。

中国共产主义青年团要完成新时代的基本任务，必须毫不动摇坚持中国特色社会主义群团发展道路，把握政治性这一灵魂，聚焦先进性这一重要着力点，立足群众性这一根本特点，深化团的改革，全面从严治团，不断提高团的建设科学化水平。要发扬优良传统和作风，生动活泼、富于创造性地开展工作，把共青团建设成为团结教育青年的坚强核心。团的建设必须贯彻以下基本要求：

（一）坚持党的领导。全团要坚持党的基本路线不动摇，用邓小平理论、“三个代表”重要思想、科学发展观、习近平新时代中国特色社会主义思想和党的基本路线统一思想和行动，团的各项工作都必须服从和服务于经济建设这个中心，必须把坚持改革开放和坚持四项基本原则统一起来，使党的基本路线在团的工作中得到全面贯彻。要牢固树立政治意识、大局意识、核心意识、看齐意识，坚决维护习近平总书记党中央的核心、全党的核心地位，坚决维护以习近平同志为核心的党中央权威和集中统一领导，坚决贯彻党的意志和主张，严守政治纪律和政治规矩。要坚持党建带团建，把党的要求贯彻落实到团的建设之中，使团的建设纳入党的建设总体规划，同部署同检查同总结。

（二）坚持把帮助青年确立正确的理想、坚定的信念作为首要任务。必须站在理想信念这个制高点上，牢牢把握为实现中华民族伟大复兴中国梦而奋斗的时代主题，激发广大青年的历史责任感和奋斗精神，组织动员广大青年走在时代前列。要围绕保持和增强团员先进性这一时代课题，切实增强团员的光荣感，发挥团员的模范作用。

（三）坚持服务青年的工作生命线。以青年为中心，从青年需要出发，强化服务意识，提升服务能力，挖掘服务资源，千方百计为青年排忧解难，更多关心帮助困难青少年，维护青少年合法权益，使团组织成为广大青年遇到困难时想得起、找得到、靠得住的力量。

（四）坚持民主集中制。民主集中制是共青团根本的组织原则。要充分发扬民主，尊重团员主体地位，切实保障团员的民主权利。要实行正确的集中，加强组织性和纪律性，保证团的决议得到有效的贯彻执行。

（五）坚持改革创新。落实党对共青团改革的要求，推进组织和工作创新，不断提高团的吸引力和凝聚力，不断扩大团的工作有效覆盖面。基层组织是团的一切工作的基础。团的领导机关要确立基层第一的观念，发扬务实、求实的作风，深入基层，服务基层，坚持不懈地抓好基层建设，不断增强基层活力。

（六）坚持从严治团。要把严的标准、严的措施贯穿于从严治团全过程和各方面。坚持依规治团，建立健全团内规章制度体系。首先从团干部严起，重点加强对团的领导机关和领导干部的管理和监督，坚决反对机关化、行政化、贵族化、娱乐化倾向。按照增强政治性、时代性、原则性、战斗性的要求，加强和规范团内政治生活，发展积极健康的团内政治文化，营造风清气正的良好政治生态。

中国共产主义青年团中央委员会受中国共产党中央委员会领导，团的地方组织和基层组织受同级党的委员会领导，同时受团的上级组织领导。

中国共产主义青年团受中国共产党的委托领导中国少年先锋队的工作。中国共产主义青年团是中华全国青年联合会的核心团体会员，发挥主导作用。中国共产主义青年团在中国共产党的领导下，指导中华全国学生联合会开展工作。

第一章　团员

第一条　年龄在十四周岁以上，二十八周岁以下的中国青年，承认团的章程，愿意参加团的一个组织并在其中积极工作、执行团的决议和按期交纳团费的，可以申请加入中国共产主义青年团。

团员年满二十八周岁，没有担任团内职务，应该办理离团手续。

团员加入共产党以后仍保留团籍，年满二十八周岁，没有在团内担任职务，不再保留团籍。

第二条　团员必须履行下列义务：

（一）努力学习马克思列宁主义、毛泽东思想、邓小平理论、“三个代表”重要思想、科学发展观、习近平新时代中国特色社会主义思想，学习团的基本知识，学习科学、文化、法律和业务知识，不断提高为人民服务的本领。

（二）宣传、执行党的基本路线和各项方针政策，积极参加改革开放和社会主义现代化建设，努力完成团组织交给的任务，在学习、劳动、工作及其他社会活动中起模范作用。

（三）自觉遵守国家的法律法规和团的纪律，执行团的决议，发扬社会主义新风尚，积极参加志愿服务，实践社会主义核心价值观和社会主义荣辱观，提倡共产主义道德，弘扬中华民族传统美德，维护国家和人民的利益，为保护国家财产和人民群众的安全挺身而出，英勇斗争。

（四）接受国防教育，增强国防意识，积极履行保卫祖国的义务。

（五）虚心向人民群众学习，热心帮助青年进步，及时反映青年的意见和要求。

（六）开展批评和自我批评，勇于揭露和纠正错误言行，勇于改正缺点和错误，自觉维护团结。

第三条　团员享有下列权利：

（一）参加团的有关会议和团组织开展的各类活动，接受团组织的教育和培训。

（二）在团内有选举权、被选举权和表决权。

（三）在团的会议和团的媒体上，参加关于团的工作和青年关心的问题的讨论，对团的工作提出建议，监督、批评团的领导机关和团的工作人员。

（四）对团的决议如有不同意见，在坚决执行的前提下，可以保留，并且可以向团的上级组织提出。

（五）参加团组织讨论对自己处分的会议，并且可以申辩，其他团员可以为其作证和辩护。

（六）向团的任何一级组织直至中央委员会提出请求、申诉和控告，并要求有关组织给以负责的答复。

团的任何一级组织或个人都无权剥夺团员的权利。

第四条　发展团员，必须把政治标准放在首位，严格履行下列手续：

（一）申请入团的青年应有两名团员作介绍人。

（二）介绍人应负责地向被介绍人说明团章，向团的组织说明被介绍人的思想、表现和经历。

（三）要求入团的青年要向支部委员会提出申请，填写入团志愿书，经支部大会讨论通过和上级委员会批准，才能成为团员。被批准入团的青年从支部大会通过之日起取得团籍。

第五条　新团员必须参加入团仪式，在团旗下进行入团宣誓。誓词如下：我志愿加入中国共产主义青年团，坚决拥护中国共产党的领导，遵守团的章程，执行团的决议，履行团员义务，严守团的纪律，勤奋学习，积极工作，吃苦在前，享受在后，为共产主义事业而奋斗。

第六条　团员由一个基层组织转移到另一个基层组织，必须及时办理组织关系转接手续。

第七条　对于模范履行团员义务、在社会主义现代化建设和保卫祖国的事业中有显著成绩的团员，团的组织应当给以奖励。

奖励分为：通报表扬，由团的中央、省、市、县级委员会和基层团委授予优秀共青团员称号。

第八条　团员有退团的自由。团员要求退团应向支部委员会递交书面报告，由支部大会决定除名，并报上级委员会备案。

团员没有正当理由，连续六个月不交纳团费、不过团的组织生活，或连续六个月不做团组织分配的工作，均被认为是自行脱团。团员自行脱团，应由支部大会决定除名，并报上级委员会批准。

第九条　团的组织和团员应按规定管理和使用团员证。

第二章　团的组织制度

第十条　中国共产主义青年团是按照民主集中制组织起来的统一整体。团的民主集中制的基本原则是：

（一）团员个人服从组织，少数服从多数，下级组织服从上级组织。

（二）团的全国领导机关，是团的全国代表大会和它产生的中央委员会。地方各级团的领导机关，是同级团的代表大会和它产生的团的委员会，团的各级委员会向同级代表大会负责并报告工作。

（三）团的各级领导机关，除它们派出的代表机关外，都由选举产生。

（四）团的各级领导机关应当经常听取并认真处理下级组

织和团员的意见；团的下级组织既要向上级组织请示、报告工作，又要独立负责地解决自己职责范围内的问题。团的各级组织要使团员对团内事务有更多的了解和参与。

（五）团的各级委员会实行集体领导和个人分工负责相结合的制度。

第十一条　团的各级委员会可以根据工作需要，设立适当的工作部门。团的县级以上各级委员会可以派出代表机关。

在团的各级代表大会闭会期间，同级党的组织和上级团的组织认为有必要时，经过共同研究，取得一致意见，可以调动或指派团组织的负责人。

第十二条　团的各级代表大会的代表和委员会的产生，要体现选举人的意志。选举采用无记名投票的方式。候选人的产生要广泛发扬民主，候选人名单要充分酝酿讨论。可以直接采用候选人数多于应选人数的差额选举办法进行选举，也可以采用差额选举办法进行预选，产生候选人名单，然后进行等额正式选举。选举人有了解候选人情况、要求改变候选人、不选任何一个候选人和另选他人的权利。任何组织和个人不得以任何方式强迫选举人选举或不选举某个人。

团的中央和地方各级委员会委员、候补委员中的专职团干部调离团的岗位，其委员或候补委员的职务自行卸免。委员缺额由候补委员按得票多少依次递补，卸免和递补须经全会确认。

第十三条　团的县级和县级以上委员会在必要时可以召集

代表会议，讨论和决定需要由代表大会解决的重大问题。代表会议可以调整和增选委员会的部分成员。调整和增选委员会委员和候补委员的数额，不得超过该级代表大会选出的委员和候补委员总数的三分之一。代表会议代表的名额和产生办法，由召集代表会议的委员会决定。

第十四条　有关全团性的工作，由团的中央委员会作出决定，统一部署。

各级团组织的报刊和其他宣传工具，必须宣传党的路线、方针和政策，宣传团的上级组织和本级组织的决议与工作任务，反映青年的意见和要求。

第三章　团的中央组织

第十五条　团的全国代表大会每五年举行一次，由中央委员会召集，在特殊情况下，可以提前或延期举行。

全国代表大会代表的名额及产生办法，由中央委员会决定。

第十六条　团的全国代表大会的职权是：

（一）审查和批准中央委员会的工作报告；

（二）讨论和决定全团的工作方针、任务和有关重大事项；

（三）修改团的章程；

（四）选举中央委员会。

在全国代表大会闭会期间，中央委员会执行全国代表大会的决议，领导团的全部工作。

第十七条　团的中央委员会全体会议选举常务委员若干

人，组成常务委员会；选举第一书记一人和书记若干人，组成书记处。中央委员会全体会议由常务委员会召集，每年至少举行一次。在中央委员会全体会议和常务委员会闭会期间，书记处行使中央委员会的职权。

第四章　团的地方组织、解放军和武警部队中团的组织

第十八条　团的省、自治区、直辖市的代表大会，设区的市和自治州的代表大会，县（旗）、自治县、不设区的市和市辖区的代表大会，每五年举行一次，一般在同级党的代表大会后一年内举行。

团的地方各级代表大会由同级团的委员会召集。在特殊情况下，经同级党的委员会和团的上级委员会批准，可以提前或延期举行。

第十九条　团的地方各级代表大会的职权是：

（一）审查和批准同级委员会的工作报告；

（二）讨论和决定本地区团的工作任务和有关重要事项；

（三）选举同级委员会；

（四）选举出席上一级团的代表大会的代表。

团的地方各级委员会在代表大会闭会期间，执行上级团组织的指示和同级团的代表大会的决议，领导本地方团的工作，定期向上级团的委员会报告工作。

第二十条　团的地方各级委员会全体会议选举各该级委员会的常务委员会和书记、副书记。团的地方各级委员会全体会议由常务委员会召集，每年至少举行一次。在委员会全体会议

闭会期间，由常务委员会行使委员会的职权。

团的地方各级委员会的组成，必须经同级党的委员会和上级团的委员会批准。

第二十一条　中国人民解放军和中国人民武装警察部队中团的工作，是解放军和武警部队政治工作的重要组成部分，由中央军事委员会领导。中国人民解放军和中国人民武装警察部队中团的组织，在本单位党组织的领导下，根据团的章程、《中国人民解放军政治工作条例》和有关规定进行工作。

第五章　团的基层组织

第二十二条　企业、农村、机关、学校、科研院所、街道社区、社会组织、人民解放军连队、人民武装警察部队中队和其他基层单位，凡是有团员三人以上的，都应当建立团的基层组织。

团的基层组织，根据工作需要和团员人数，经上级团的委员会批准，分别设立团的基层委员会、总支部委员会、支部委员会。

在基层委员会、总支部下建立支部。工作需要的，在基层委员会下也可以建立总支部。在一个支部内可以分若干个小组。

支部委员会、总支部委员会由团员大会选举产生，每届任期两年或三年，其中大、中学校学生支部委员会每届任期一年。基层委员会由团员大会或代表大会选举产生，每届任期三年至五年，一般与同级党的委员会任期保持一致。

第二十三条　团的基层组织设置应从实际出发，可以不完全与党组织和行政建制对应。适应街道社区、非公有制经济组织、社会组织等单位和领域的特点，适应团员青年流动和分布聚集的特点，灵活设置团的组织。

第二十四条　团的基层组织是团的工作和活动的基本单位，应该充分发挥团结教育青年的核心作用。它的基本任务是：

（一）组织团员和青年学习马克思列宁主义、毛泽东思想、邓小平理论、"三个代表"重要思想、科学发展观、习近平新时代中国特色社会主义思想，学习党的路线、方针和政策，学习团章和团的基本知识，学习科学、文化、法律和业务。

（二）宣传、执行党和团组织的指示和决议，参与民主管理和民主监督，充分发挥团员的模范作用，积极创先争优，团结带领青年积极投身改革开放和现代化建设，为社会主义经济建设、政治建设、文化建设、社会建设、生态文明建设作贡献。

（三）教育团员和青年学习革命前辈，继承党的优良传统，发扬社会主义道德风尚，弘扬网上主旋律，树立与改革开放和社会发展相适应的新观念，自觉抵制不良倾向，坚决同各种违纪违法行为作斗争。

（四）了解和反映团员与青年的思想、要求，维护他们的权益，关心他们的学习、工作、生活和休息，开展文化、娱乐、体育活动。

（五）对要求入团的青年进行培养教育，做好经常性发展团员工作，收缴团费，办理超龄团员的离团手续。

（六）对团员进行教育、管理和服务，健全团的组织生活，落实“三会两制一课”制度，开展批评和自我批评，监督团员切实履行义务，保障团员的权利不受侵犯，表彰先进，执行团的纪律。

（七）对团员进行党的基本知识教育，推荐优秀团员作党的发展对象；发现和培养青年中的优秀人才，推荐他们进入更重要的生产和工作岗位。

第二十五条　团支部是团的基础组织，担负直接教育团员、管理团员、监督团员和组织青年、宣传青年、凝聚青年、服务青年的职责。

第二十六条　对工作活跃、成绩显著的团的基层组织，上级团的组织应当给以奖励。

奖励分为：通报表扬，由团的中央、省、市、县级委员会和基层团委授予五四红旗团组织称号。

第六章　团的干部

第二十七条　团的干部是团的工作的骨干，必须坚定理想信念、心系广大青年、提高工作能力、锤炼优良作风。共青团要贯彻党管干部原则，坚持德才兼备、以德为先，坚持五湖四海、任人唯贤，坚持事业为上、公道正派，在“保留骨干、以资熟手”的同时，注重培养选拔优秀年轻干部，努力实现团干部队伍的革命化、年轻化、知识化、专业化，建设符合群团组织特点、充满生机活力的团干部队伍。

第二十八条　团的各级领导干部必须做到忠诚干净担当，信念坚定、为民服务、勤政务实、敢于担当、清正廉洁，做团员和青年的表率，模范地履行团员的各项义务，刻苦学习、勤奋工作、勇于创造、自觉奉献，做党放心、青年满意的干部。

（一）政治上要坚强。具有相应的马克思列宁主义、毛泽东思想、邓小平理论、“三个代表”重要思想、科学发展观的水平，带头贯彻落实习近平新时代中国特色社会主义思想，高扬理想旗帜，坚持讲学习、讲政治、讲正气，坚决执行党的基本路线和各项方针政策，立志改革开放，献身社会主义现代化建设事业。

（二）学习要刻苦。带头学习政治、经济、文化、历史、法律、科学技术和现代管理知识，向书本学习，向实践学习，向青年学习，努力提高青年群众工作本领，不断提高思想政策水平和实际工作能力。

（三）工作要勤奋。有强烈的革命事业心和责任感，勤于思考，勇于创新，知难而进，积极主动地在青年中开展工作，努力做出实绩。

（四）作风要严实。朝气蓬勃，实事求是，发扬民主，敢想敢干，深入基层，调查研究，讲实话，办实事，求实效，反对形式主义、官僚主义、享乐主义和奢靡之风，带头直接联系青年，热心为青年服务，做青年的知心朋友。

（五）品德要高尚。顾全大局，公道正派，团结同志，助人为乐，诚实谦虚，清正廉洁，有自我批评精神，自觉接受团员和青年的监督。

第二十九条　团的各级组织负有协助党管理团干部的责任。要加强对团干部的选拔、培养和管理，拓宽干部来源渠道，注重在经济社会发展最需要的地方、基层一线和困难艰苦的地方锻炼干部；建立正规的培训制度，办好各级团校，突出政治培训，建设党在青年工作领域特色鲜明的政治学校；建立和健全团干部的考核、监督和问责制度；主动向有关党委和团委推荐下级或同级团组织负责人人选，对团干部的调动提出建议。

团的各级组织要关心团干部的工作、学习、生活和休息，努力帮助他们解决实际问题，积极为他们的成长和转业创造条件。

对工作有显著成绩的团干部，团的组织应当给以表扬和奖励。

第三十条　团干部要认真了解党组织工作全局，主动汇报团的工作情况，积极负责地发表意见，结合团的工作实际，创造性地完成党组织交给的任务。

第七章　团的纪律

第三十一条　团的纪律是团的各级组织和全体团员必须遵守的行为规则，是维护团在党领导下的团结统一、完成党赋予的职责使命的保证。团组织必须严格执行和维护团的纪律，共青团员必须自觉接受团的纪律的约束。

第三十二条　对于违反团的纪律的团员，团的组织应当本着惩前毖后、治病救人的精神，进行批评和帮助，情节严重的，给以纪律处分。

第三十三条　对团员的纪律处分有五种：警告、严重警告、撤销团内职务、留团察看、开除团籍。

留团察看的时间为六个月或一年。团员在留团察看期间没有选举权、被选举权和表决权，不得作青年入团的介绍人。留团察看期满，改正了错误的，应当及时恢复其团员的上述权利；坚持错误不改的，应当开除团籍。

第三十四条　对团员的纪律处分，必须经支部大会讨论通过，报团的基层委员会批准；批准后，报同级党的基层委员会备案。在特殊情况下，县级和县级以上各级团的委员会有权直接决定给团员以纪律处分；涉及的问题比较重要或复杂，或对团员给以开除团籍的处分的，必须经团的省级或中央委员会批准。

第三十五条　团的组织对团员作出处分决定，必须严肃慎重，实事求是。支部大会在讨论决定对团员的处分时，除特殊情况外，应当吸收本人参加，认真听取本人的意见；决定后本人不服的，可以提出申诉，有关团组织必须负责处理或者迅速转递，不得扣压；对于确属坚持错误意见和无理要求的人，要给以批评教育。

第三十六条　团组织在维护团的纪律方面失职的，上级团的委员会应当对其问责。

第八章　团旗、团徽、团歌

第三十七条　中国共产主义青年团团旗旗面为红色，象征革命胜利；左上角缀黄色五角星，周围环绕黄色圆圈，象征中国青年一代紧密团结在中国共产党周围。

第三十八条　中国共产主义青年团团徽的内容为团旗、齿轮、麦穗、初升的太阳及其光芒，写有“中国共青团”五字的绶带。它象征着共青团在马克思列宁主义、毛泽东思想的光辉照耀下，团结各族青年，朝着党所指引的方向奋勇前进。

第三十九条　中国共产主义青年团团歌为《光荣啊，中国共青团》。

第四十条　中国共产主义青年团的团旗、团徽、团歌是中国共产主义青年团的象征和标志。要按照规定制作和使用团旗、团徽、团歌。

第九章　团的经费

第四十一条　团的经费来源主要是：团员交纳的团费、党和政府以及企事业单位关于青少年事业的经费和团的工作经费、正当的社会资助和团组织的其它合法收入。

第四十二条　团费的交纳和管理使用办法由中央委员会统一规定。

第十章　团同少年先锋队的关系

第四十三条　中国少年先锋队是中国少年儿童的群团组织，是少年儿童学习中国特色社会主义和共产主义的学校，是建设社会主义和共产主义的预备队。共青团要发扬“全团带队”的传统，健全少先队组织的各级工作机构，加强少先队组织建设，支持少先队创造性地开展组织教育、自主教育、实践活动，保护和关心少年儿童的成长，坚持以社会主义思想和共产主义精神教育少年儿童，引导他们听党的话，好好学习，天天向上，从小学习做人、从小学习立志、从小学习创造，爱祖国，爱人民，爱劳动，爱科学，爱社会主义，锻炼身体，培养能力，学习和实践社会主义核心价值观，努力成长为担当民族复兴大任的时代新人，做共产主义事业的接班人。

中学共青团组织应加强对少先队员入团前的培养教育，少先队组织应积极推荐优秀少先队员作团的发展对象。

第四十四条　团的组织选派优秀团员或者聘请思想进步、作风正派、知识丰富、热爱少年儿童的教师、先进人物以及其他人员，担任少年先锋队的辅导员，并从思想上、工作上、生活上关心他们，帮助他们不断提高政治和业务水平。对有显著成绩的辅导员和少先队工作者，应当给以表扬和奖励。

中国少年先锋队章程

（中国少年先锋队第五次全国代表大会2005年6月3日通过）

一、我们的队名：中国少年先锋队。

二、我们队的创立者和领导者：中国共产党。

党委托中国共产主义青年团直接领导我们队。

三、我们队的性质：是中国少年儿童的群众组织，是少年儿童学习中国特色社会主义和共产主义的学校，是建设社会主义和共产主义的预备队。

四、我们队的目的：团结教育少年儿童，听党的话，爱祖国、爱人民、爱劳动、爱科学、爱护公共财物，努力学习，锻炼身体，参与实践，培养能力，立志为建设中国特色社会主义现代化强国贡献力量，努力成长为社会主义现代化建设需要的合格人才，做共产主义事业的接班人。维护少年儿童的正当权益。

五、我们的队旗、队徽：五角星加火炬的红旗是我们的队旗。五角星代表中国共产党的领导，火炬象征光明，红旗象征革命胜利。

五角星加火炬和写有"中国少先队"的红色绶带组成我们的队徽。

六、我们的队歌：《我们是共产主义接班人》。

七、我们的标志：红领巾。它代表红旗的一角，是革命先烈的鲜血染成。每个队员都应该佩戴它和爱护它，为它增添新的荣誉。

八、我们的队礼：右手五指并拢，高举头上。它表示人民的利益高于一切。

九、我们的呼号：“准备着：为共产主义事业而奋斗！”回答：“时刻准备着！”

十、我们的作风：诚实、勇敢、活泼、团结。

十一、我们的队员：凡是6周岁到14周岁的少年儿童，愿意参加少先队，愿意遵守队章，向所在学校少先队组织提出申请，经批准，就成为队员。

队员入队前要为人民做一件好事。要举行入队仪式。

队员是少先队组织的主人，在队里都有选举权和被选举权，可以对队的工作和队的活动提出意见和要求。

每个队员都要遵守纪律，服从队的决议，积极参加队的活动，做好队交给的工作，热心为大家服务。

优秀的少先队员可以由队组织推荐作为共青团的发展对象。

队员由一个大队转到另一个大队，要带上队员登记表，到新的大队报到。

超过14周岁的队员应该离队。由大队举行离队仪式。

十二、我们的入队誓词：我是中国少年先锋队队员。我在队旗下宣誓：我热爱中国共产党，热爱祖国，热爱人民，好好学习，好好锻炼，准备着：为共产主义事业贡献力量！

十三、我们的组织：在学校、社区建立大队或中队，中队下设小队。

小队由5至13人组成，设正副小队长。

中队由两个以上的小队组成，成立中队委员会，由3至7人组成。

大队由两个以上的中队组成，成立大队委员会，由7至13人组成。

小队长和中队、大队委员会都由队员选举产生。半年或一年选举一次。

大队和中队委员会可以根据工作需要，设队长、副队长、旗手和学习、劳动、文娱、体育、组织、宣传等委员。

十四、我们的活动：举行队会，组织参观、访问、野营、旅行、故事会，开展文化科学、娱乐游戏、军事体育等各种有意义有趣味的活动，以及参加力所能及的公益劳动和社会实践。

十五、我们队的奖励和批评：队员和队的组织做出优异成绩的，由队的组织或报共青团组织给以表扬和奖励。队员犯了错误的，队组织要进行耐心帮助、批评教育，帮助改正。

十六、我们的辅导员：由共青团选派优秀团员或聘请思想进步、作风正派、知识丰富、热爱少年儿童的教师以及各条战线的先进人物来担任。他们是少先队员亲密的朋友和指导者，帮助中队或大队委员会进行工作，组织活动。

十七、我们队的领导机构：全国和地方各级少先队工作委员会，是全国和地方少先队经常性工作的领导机构，由同级少先队代表大会选举产生。全国代表大会原则上每五年召开一次。

入团仪式规定

摘自(《中国共产主义青年团发展团员工作细则》)

规范发展团员工作，加强团员意识教育，特制定入团仪式规定如下。

一、基本原则

注重制度化。新团员入团都要参加入团仪式。团的基层委员会、总支部委员会或支部委员会要按照规定定期组织开展入团仪式。

注重程序性。举行入团仪式要做到基本程序规范到位，各个环节严谨顺畅，体现发展团员工作的严肃性和庄重性。

注重感染力。通过举行入团仪式，使青年感受加入团组织的光荣感，增强对团组织的归属感，激发为共产主义事业而奋斗的使命感。

二、基本程序

1. 奏(唱)国歌。

2. 主持人说明举行入团仪式的意义，宣布新团员名单。

3. 向新团员颁发团章、团员证和团徽，团徽佩戴在左胸前。

4. 上级团组织的代表或本级团组织负责人带领新团员宣誓。

(1)宣誓人面向团旗立正，右手握拳，举过右肩。

（2）领誓人逐句领读入团誓词，宣誓人跟读。

（3）当领誓人念到“宣誓人”时，宣誓人应分别报出自己的姓名。

5. 入团介绍人代表宣读《团章》中有关团员的义务和权利的条款。

6. 新团员代表发言。

7. 老团员代表发言。

8. 党组织负责人、上级团组织的代表或本级团组织负责人讲话，对新团员提出希望和要求。

9. 唱团歌。

在严格履行基本程序的基础上，可对入团仪式内容和形式进行进一步充实和创新。

三、有关要求

1. 入团仪式由团的基层委员会、总支部委员会或支部委员会组织，团小组不能组织。可以邀请同级党组织负责人参加，一般还应吸收入团积极分子到场观摩。

2. 入团仪式应在上级团组织批复新发展团员之后一个月内举行，学校应在三个月内举行。可选择在“五四”“七一”“十一”“一二·九”等时间举行，使入团仪式更有纪念意义。

3. 入团仪式可以在室内举行，也可以在室外举行。有条件的地方，应尽量选择在爱国主义教育基地、革命传统教育基地等场所举行。

4. 各级团的领导机关要加强对入团仪式规定落实情况的指导和检查，注重总结推广基层团组织的好做法、好经验。

中国少年先锋队标志礼仪基本规范

为规范少先队组织文化建设，加强对少先队员的组织教育，增强少先队员光荣感，根据《中国少年先锋队章程》和共青团中央、全国少工委有关规定，就红领巾、队旗、队徽、队委（队长）标志、队礼、呼号、入队宣誓、队歌、队会、仪式等，明确以下基本规范。

一、红领巾

（一）含义

红领巾是少先队员的标志。它代表红旗的一角，是革命先烈的鲜血染成。每个队员都应该佩戴它和爱护它，为它增添新的荣誉。

（二）规格和材质

红领巾分为小号、大号两个规格，分别是：

小号：底边长100厘米、腰边长60厘米。

大号：底边长120厘米、腰边长72厘米。

红领巾颜色采用国旗红，可用布、绸、缎等材料按照标准制作。

（三）佩戴和使用

1. 少先队组织要教育队员爱护红领巾，保持红领巾干净、平整，佩戴时服装规整。

2. 小学低、中年级队员佩戴小号红领巾，小学高年级和初中队员佩戴大号红领巾。小学低、中年级身高较高的队员，可佩戴大号红领巾。少先队员离队时应珍藏红领巾和队徽徽章。

3. 少先队员参加校内外少先队集会、活动，参加升国旗仪式、开学典礼、毕业典礼等重要仪式活动，须佩戴红领巾。参加体育活动、生产劳动或在家里休息时，可以不佩戴红领巾。天气炎热时可暂不佩戴红领巾，但应佩戴队徽徽章。

4. 少先队辅导员在参加少先队集会、活动时，应佩戴大号红领巾。少先队活动邀请有关领导、来宾等成年人参加时，领导、来宾佩戴大号红领巾。

5. 红领巾及其名义不得用于商标、商业广告以及商业活动。

6. 各级少先队组织、少先队员、少先队辅导员不得购买使用不合规定的红领巾。

（四）佩戴方法

1. 将红领巾披在肩上，钝角对准脊椎骨，右角放在左角下面，两角交叉；

2. 将右角经过左角前面拉到右边，左角不动；

3. 右角经左右两角交叉的空隙中拉出，右角恰绕过左角一圈；

4. 将右角从此圈中拉出，抽紧。

二、队旗

（一）含义和样式

队旗是少先队组织的标志。五角星加火炬的红旗是少先队队旗，五角星代表中国共产党的领导，火炬象征光明，红旗象征革命胜利。

（二）规格和材质

队旗指大、中队旗。队旗颜色采用国旗红，可用布、绸、缎等材料按照标准制作。

大队旗长120厘米、高90厘米。旗中心是五角星和火炬，五角星为黄色，火炬由黄色线条勾勒出轮廓。

中队旗长80厘米、高60厘米。右端剪去高20厘米、底宽60厘米的等腰三角形，形成一个三角形缺口，五角星及火炬在以60厘米为边长的正方形中心。

（三）使用

1. 大、中队旗是少先队大队、中队的标志，在下列情况下使用：

（1）少先队组织在开展集体活动时；

（2）少先队大（中）队举行入队仪式时；初中少先队大队举行离队仪式时；

（3）成立少先队大队或中队时；

（4）少先队组织举行重要会议时。

上述情况外，使用队旗及其图案需经县级（含）以上少工委批准。

2. 少先队员要热爱队旗，在少先队集会、活动中出旗、退旗时应敬队礼。1名少先队员旗手和至少2名少先队员护旗手组成旗手组合，旗手右手握旗杆下部贴腰，左手伸直握旗杆中上部，队旗倾斜成约45度角。升国旗仪式上，少先队员敬队礼，旗手要执旗敬礼。

3. 队旗平时应陈列在队室，不悬挂。

4. 队旗及其图案不得用于商标、商业广告以及商业活动。

5. 各级少先队组织不得使用破损、污染、褪色或不符合制作规定的队旗。

三、队徽

（一）样式

五角星加火炬和写有“中国少先队”的红色绶带组成少先队队徽。五角星、“中国少先队”五个字和火炬柄为金色，绶带和火炬的火焰为正红色，火焰和绶带镶金边，“中国少先队”字体为黑体。

（二）使用

1. 队徽是少先队组织的象征，使用范围是：

（1）少先队各级代表大会等重要场合应悬挂队徽；

（2）少先队队室、中队角等少先队标志性阵地应悬挂队徽或张贴队徽图案；

（3）团委、少工委的会议室可以悬挂队徽或张贴队徽图案；

（4）有关少先队的外事场合可以悬挂队徽或张贴队徽图案；

（5）少先队的各级组织颁发的奖状、奖旗、奖章、证书和其他荣誉性文书、证件上可以印队徽图案；

（6）少先队的报刊和出版物、新媒体文化产品、网站上可以使用队徽图案。

上述情况外，使用队徽及其图案需经县级（含）以上少工委批准。不同场合使用的队徽可根据实际需要等比例制作。

2. 队徽及其图案、星星火炬名义不得用于商标、商业广告以及商业活动。

3. 各级少先队组织不得使用不符合规范的队徽。

（三）徽章

队徽可制作成徽章供队员佩戴。徽章的规格为高2.2厘米，宽1.8厘米。为确保队员佩戴的安全，徽章须制作成按扣式或磁铁吸扣式。

四、队委（队长）标志

（一）样式

大队、中队委员会委员和小队长都要佩戴队委（队长）标志。

队委（队长）标志由白底、红杠组成，白底高7厘米、宽6厘米，红杠长4厘米、宽1厘米。大队委标志中间为三条红杠，中队委标志中间为两条红杠，小队长标志中间为一条红杠。红杠之间间隔1厘米，与白底左右边缘各相距1厘米。大队委标志上下各空1厘米，中队委标志上下各空2厘米，小队长标志上下各空3厘米。

队委（队长）标志可用布、塑料等材料制作。

（二）佩戴和使用

1. 大队、中队委员会委员和小队长都要在佩戴红领巾的同时，在左臂佩戴队委（队长）标志。

2. 各级少先队组织不得使用不合规范的异形队委（队长）标志。

五、队礼

（一）含义

右手五指并拢，高举头上。它表示人民的利益高于一切。

（二）行礼场合

少先队员在升降国旗时、在队旗出场和离场时、在烈士墓前、在参与队活动仪式时都要敬队礼。在其他场合中，如遇到师长等，队员也可行队礼。

少先队集会报告和列队、行进、检阅时，只由小队长、中队长、大队长敬队礼，其他队员注目致敬。

少先队辅导员和少先队工作者在参加少先队的集会和活动时，应同少先队员一并行礼。受邀参加少先队活动的领导、来宾可行注目礼，在接受少先队员敬礼、献红领巾时应回敬队礼。

（三）动作

立正，右手五指并拢，手掌与小臂成直线，自下至上经胸前高举头上约5厘米（约一拳），动作自然流畅，掌心朝向左前下方。

六、呼号

（一）内容

呼号：“准备着：为共产主义事业而奋斗！”

回答：“时刻准备着！”

（二）领呼人

在队会仪式中，应由辅导员带领队员呼号，也可由党组织、团组织的代表，或拥护党的领导、对祖国有特殊贡献、可以作为少先队员表率的人领呼。

（三）动作

呼号时，领呼人面向队员，在“呼号”动令后，领呼人和队员举右拳至肩上，拳于耳侧，拳心向左前方，进行呼号。呼号完毕，领呼人落下右拳，全体队员随之落下右拳。

七、入队宣誓

（一）内容

我是中国少年先锋队队员。我在队旗下宣誓：我热爱中国共产党，热爱祖国，热爱人民，好好学习，好好锻炼，准备着：为共产主义事业贡献力量！

（二）动作

宣誓时，少先队员面向大队旗，跟随领誓人右手举拳至肩上，拳于耳侧，拳心向左前方。旗手执大队旗倾斜，旗面朝向队员，护旗手执旗帜两角展开旗面。

八、队歌

《我们是共产主义接班人》（周郁辉作词、寄明作曲）在少先队集会或活动时唱完整队歌（两段歌词）。少先队队室陈列队歌曲谱和歌词。

九、队会仪式基本程序

少先队组织在重大的节日、纪念日、组织集会或者举行大、中队会时，都应该举行队会仪式。

举行仪式前，先要集合，整理队伍，报告人数。

报告时，小队长向本小队队员发出“立正”口令，然后跑步到中队长面前，敬礼，报告：“报告中队长，第 × 小队应到队员 × 人，实到 × 人。报告完毕。”中队长回答：“接受你的报告！请稍息。”，敬礼。小队长回原位发出“稍息”口令，小队稍息。各小队报告毕，由中队长向中队辅导员报告。

报告时，中队长向全中队发出“立正”口令，然后跑步到辅导员面前，敬礼，报告：“报告辅导员，本中队应到队员 ×× 人，实到 ×× 人。报告完毕。”

辅导员回答：“接受你的报告！请稍息。”并根据活动性质提出祝贺语，如“预祝本次活动成功！”，敬礼。中队长敬礼，回原位，发出“稍息”口令。

（如是大队集会，就由各中队长依次向大队长报告，再由大队长向大队辅导员报告。视活动实际情况，也可由大队长直接向大队辅导员报告。）

接着活动开始，程序如下：

1. 全体立正，仪式开始

2. 出旗（奏出旗曲，全体队员敬礼）

3. 唱队歌

4. 中队长讲话（如果是大队集会，由大队长讲话）

5. 进行活动

6. 辅导员讲话（活动结束时做简短小结）

7. 呼号

8. 退旗（奏退旗曲，全体队员敬礼）

9. 活动结束

出旗时，旗手、护旗手应从整个队伍正后方出发，从全体队员中间经过，到队伍正前方停下，退旗时按原路退出。出旗和退旗时，辅导员、全体队员和护旗手敬礼。

十、入队仪式基本程序

队员入队要举行入队仪式，一般由共青团组织代表或少先队大、中队长主持。基本程序如下：

1. 全体立正，仪式开始

2. 出旗（奏出旗曲，全体队员敬礼）

3. 唱队歌

4. 大队委员会宣读组建一年级少先队组织的决定，宣布新队员名单

5. 为新队员授红领巾

6. 新队员宣誓（由大队辅导员或大队长领誓）

7. 为新建中队授中队旗

8. 为新建中队聘请中队辅导员

9. 党组织、团组织代表或大队辅导员讲话

10. 呼号

11. 退旗（奏退旗曲，全体队员敬礼）

12. 仪式结束

十一、初中建队仪式基本程序

初一年级应全面建立少先队组织，规范举行初中建队仪式。

基本程序如下：

1. 全体立正，仪式开始

2. 出旗（奏出旗曲，全体队员敬礼）

3. 唱队歌

4. 大队委员会宣读初一年级中队成立决定

5. 为新建中队授中队旗

6. 为新建中队聘请中队辅导员

7. 重温入队誓词

8. 呼号

9. 退旗（奏退旗曲，全体队员敬礼）

10. 仪式结束

十二、离队仪式基本程序

年满14周岁的队员应该离队。由少先队大队举行离队仪式。

基本程序如下：

1. 全体立正，仪式开始

2. 出旗（奏出旗曲，全体队员敬礼）

3. 唱队歌

4. 大队委员会宣布超龄离队人数

5. 即将离队的少先队员代表发言

6. 少先队辅导员寄语

7. 向队旗行队礼

8. 呼号

9. 退旗（奏退旗曲，全体队员敬礼）

10. 仪式结束

离队仪式上，不得摘去离队队员的红领巾，一般不宣读离队队员名单，而只宣布人数。超龄队员离队后，红领巾、队徽由本人保存，留作纪念。

可视实际情况，与初中新团员入团仪式结合举行离队入团仪式，以加强团前教育、团队衔接。

附录：

一、红领巾规格

红领巾分为小号、大号两个规格，分别是：

小号：底边长100厘米、腰边长60厘米。

大号：底边长120厘米、腰边长72厘米。

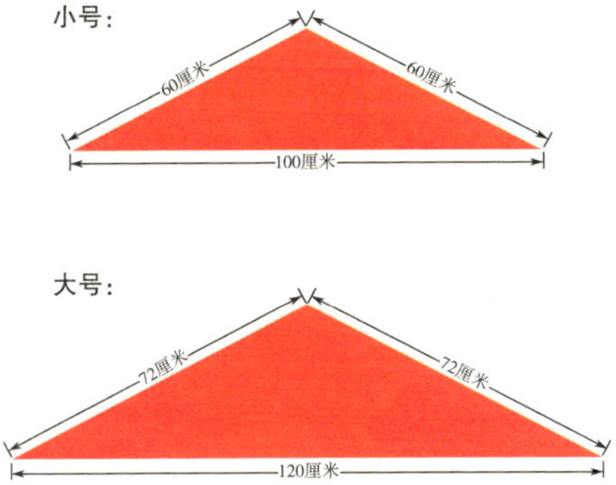

二、队旗规格

大队旗长120厘米、高90厘米。旗中心是五角星和火炬，五角星为黄色，火炬由黄色线条勾勒出了轮廓。

中队旗长80厘米、高60厘米。

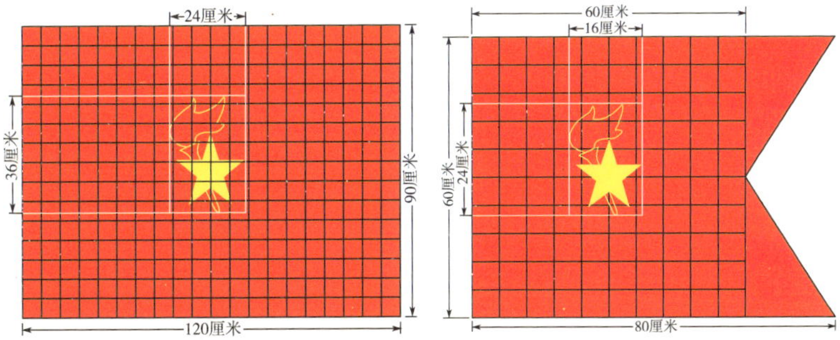

三、队徽规格

五角星加火炬和写有“中国少先队”的红色绶带组成少先队队徽。五角星、“中国少先队”五个字和火炬柄为金色，绶带和火炬的火焰为正红色，火焰和绶带镶金边，“中国少先队”字体为黑体。

队徽长高比例为1.8∶2.2，不同场合使用的队徽，可根据实际需要等比例制作。

四、队委（队长）标志规格样式

队委（队长）标志由白底、红杠组成，白底高7厘米、宽6厘米，红杠长4厘米、宽1厘米。大队委标志中间为三条红杠，中队委标志中间为两条红杠，小队长标志中间为一条红杠。红杠之间间隔1厘米，与白底左右边缘各相距1厘米。大队委标志上下各空1厘米，中队委标志上下各空2厘米，小队长标志上下各空3厘米。

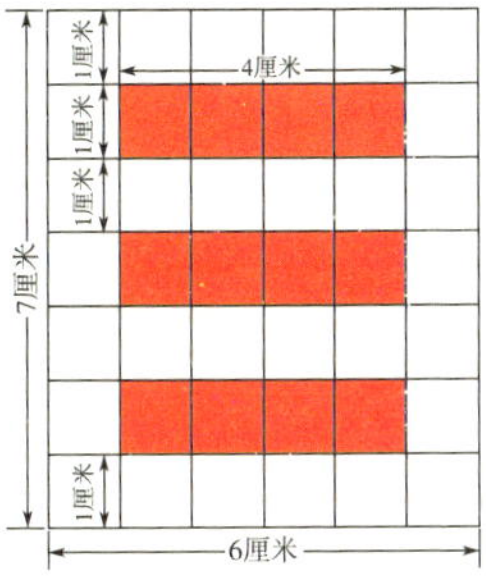

大队长和大队委员的标志

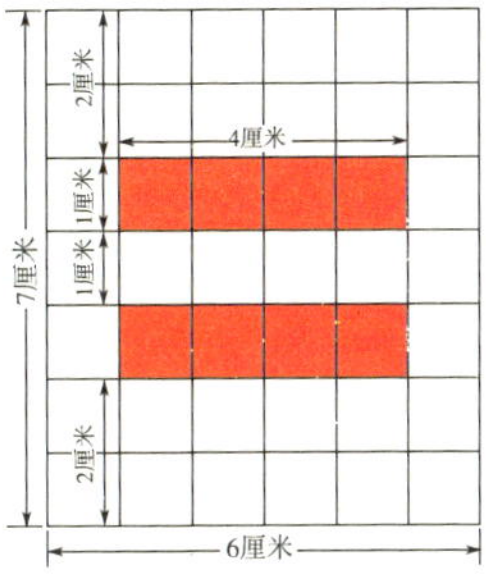

中队长和中队委员的标志

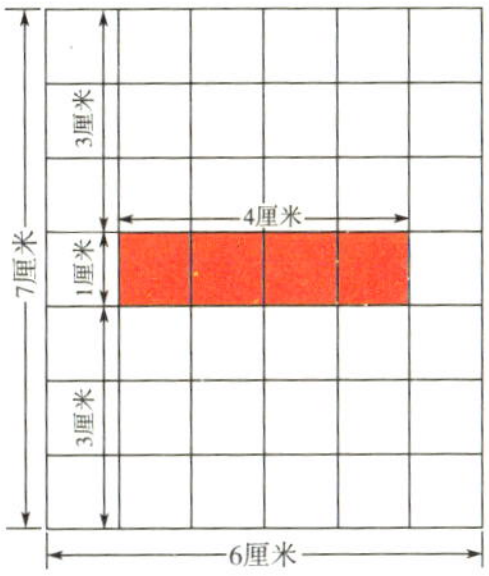

小队长标志

五、队礼姿势

含义：右手五指并拢，高举头上。它表示人民的利益高于一切。

动作：立正，右手五指并拢，手掌与小臂成直线，自下至上经胸前高举头上约5厘米（约一拳），动作自然流畅，掌心朝向左前下方。

六、队歌

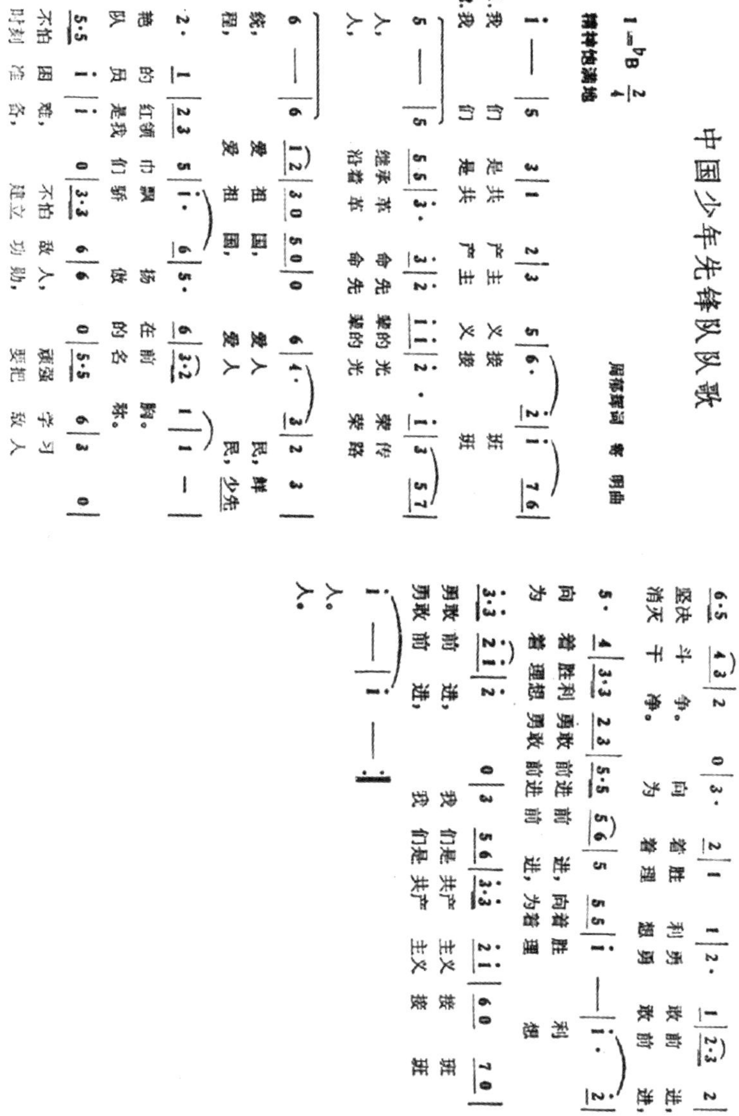

中国少年先锋队队歌
1=♭B 2/4
精神饱满地
周郁辉词 寄明曲
1.我们是共产主义接班人，继承革命先辈的光荣传统，爱祖国，爱人民，鲜艳的红领巾飘扬在前胸。不怕困难，不怕敌人，顽强学习坚决斗争。向着胜利勇敢前进，向着胜利勇敢前进前进，向着胜利勇敢前进，我们是共产主义接班人。
2.我们是共产主义接班人，沿着革命先辈的光荣路程，爱祖国，爱人民，少先队员是我们骄傲的名称。时刻准备，建立功勋，要把敌人消灭干净。为着理想勇敢前进，为着理想勇敢前进前进，为着理想勇敢前进，我们是共产主义接班人。

全国中学生18岁成人仪式规范（试行）

为贯彻落实《中学共青团改革实施方案》（中青联发〔2016〕17号）相关要求，进一步规范和深化中学生18岁成人仪式教育活动（以下简称成人仪式），特制订本规范。

本规范适用于全国各普通中学和中等职业学校（含技工学校）的成人仪式。

一、工作目标

成人仪式是面向中学生加强思想政治引领和价值引领、培育和践行社会主义核心价值观的有效途径，是增强中学生团员先进性的重要载体。举办成人仪式旨在抓住中学生从未成年向成年转变的关键时期，对广大中学生进行理想信念教育、思想道德教育、国家观念教育、优秀传统文化教育，引导和帮助广大中学生树立正确的世界观、人生观、价值观，增强公民意识、宪法和法律意识、责任意识、感恩意识，从内心深处激发社会责任感和历史使命感，努力成为担当民族复兴大任的时代新人，为决胜全面建成小康社会、全面建设社会主义现代化国家、实现中华民族伟大复兴的中国梦不懈奋斗。

二、基本原则

1. 注重政治性。以思想政治引领和价值引领为核心，引导广大中学生坚定理想信念，树立“四个意识”，增强“四个自信”，勇于担当党和人民赋予的时代使命和历史重任。

2. 注重教育性。紧紧围绕立德树人的根本任务，以学生为中心，将教育目的贯穿仪式始终，引导学生通过参与成人仪式，更深刻地理解作为成年公民应当自尊自立自强，担当起对家庭、对社会、对人民、对国家应有的责任，健康成长、全面发展。

3. 注重规范性。履行规定的基本程序，使用统一的誓词、标志，注重体现过程的庄重严肃，把仪式感转化为感动人、激励人、鼓舞人的精神力量，给学生留下难忘回忆和思想印记。

4. 注重创新性。在规定的基本程序的基础上，各地各学校可结合地域特色、学校实际及学生特点进行充实和创新，使活动更好地体现个性化、提升有效性。

三、参与主体

成人仪式的参加者是普通中学、中等职业学校（含技工学校）即将或刚刚年满18周岁的适龄学生。可根据情况覆盖高三年级的全体学生。成人仪式原则上以学校团组织为主要组织单位，可邀请学校领导、教师、家长以及校友共同参与。地方团组织可集中举办区域性的成人仪式。

四、活动时间

成人仪式原则上安排在“国家宪法日”（12月4日）举行。各地也可根据实际情况，安排在“五四”青年节或当地确定的

"成人节""成人宣誓日"举行。

五、活动地点

举行成人仪式的地点既可以在校内，也可以在爱国主义教育基地、国防教育基地、社会实践基地、志愿服务基地等有教育意义的校外场所。现场须悬挂国旗，布置"成人门"，营造庄重严肃的氛围。

六、基本程序

成人仪式应包括以下基本程序：

1. 升国旗、奏唱国歌；

2. 学习习近平总书记对青年的寄语（如，习近平总书记在党的十九大报告中的相关讲话内容）；

3. 师长代表致辞（可由上级团组织领导、校领导、知名校友或教师代表阐明成人仪式的意义，对参加学生提出希望和要求）；

4. 家长代表致辞（回顾孩子成长经历，表达美好祝愿）；

5. 师长、家长为参加学生佩戴成人帽或成人纪念章，赠送《中华人民共和国宪法》；

6. 参加学生向师长、家长鞠躬行感恩礼；

7. 参加学生代表发言，表达感恩之情、承诺成人责任、展望青春梦想；

8. 参加学生朗诵经典（可选用《少年中国说》或《青春》等

经典文章相关内容）；

9. 参加学生面向国旗庄严宣誓；

10. 奏放团歌旋律，参礼学生迈过成人门。

成人仪式原则上由学校团委书记或当地团组织负责人主持，由团员作为发言学生代表。参加学生原则上着统一服装，是团员的须佩戴团徽。

七、誓词内容

领誓人（一般为团组织负责人或学生团员代表）：请宣誓人举起右手。

“我是中华人民共和国公民。我将遵守宪法和法律，拥护中国共产党的领导，正确行使权利，忠实履行义务，弘扬社会道德，爱国、励志、求真、力行，做有理想、有本领、有担当的好青年，努力成为中国特色社会主义合格建设者和可靠接班人。

领誓人：×××（宣誓人：×××）”。

八、仪式标志

成人仪式应使用统一标志。标志造型由阿拉伯数字“18”组成飞鸟展翅的形象。“18”代表成人的年龄界限，“飞鸟”象征青年羽翼长成、成为成年公民，应当独立担负起宪法赋予的责任和义务。标志为红色，象征热情、成熟。标志可在成人仪式的各项活动中使用。

九、组织实施

成人仪式以学校团组织为主组织实施。各省级、地市级、县级团组织等可参照举办区域内示范性的成人仪式。

个人形象塑造

1. 站姿

站姿是衡量一个人气质乃至精神的重要标准。优美的站姿是保持良好体型的秘诀。一个人的站姿，可以反映出他的精神状态、品质修养和健康状况。

标准的站姿，从正面观看，应全身笔直，精神饱满，两眼平视，表情自然，两肩平齐，两臂自然下垂，两脚跟并拢，两脚尖张开60度，身体重心落于两腿正中。从侧面看，应两眼平视，下颌微收，挺胸收腹，腰背挺直，手中指贴裤缝，整个身体端庄挺拔。

男性的标准站姿应该是，身体直立，挺胸抬头，下颌微收，双目平视，两膝并严，脚跟靠紧，脚掌分开呈“V”字形，挺髋立腰，吸腹收臀，双手置于身体两侧自然下垂，或者是两腿分开，两脚平行，双腿分开的距离不能超过肩宽，双手在身后（或体前）交叉，右手搭在左手上，贴在臀部（或紧靠肚脐）。女性的标准站姿应该是，双脚成“V”字形（或“丁”字形），膝和脚后跟尽量靠拢，两脚尖张开60度，或一只脚略向前，一只脚略向后，前脚的脚后跟稍稍向后脚的脚内侧靠拢，后腿的膝盖向前腿靠拢。

2. 走姿

行走是人的基本动作之一，最能体现出一个人的精神面貌。

行走姿态在一定程度上可反映出一个人的内心境界和文化素养，能够展现出一个人的风度、风采和韵味。

正确的走姿应是身体直立、收腹直腰、两眼平视前方，双臂放松在身体两侧自然摆动，脚尖微向外或向正前方伸出，跨步均匀，两脚之间相距约一只脚到一只半脚，步伐稳健，步履自然。起步时，要有节奏感，身体微向前倾，身体重心落于前脚掌，行走中身体的重心要随着移动的脚步不断向前过渡，而不要让重心停留在后脚，并注意在前脚着地和后脚离地时伸直膝部。

男士走姿：走路时要将双腿分开略比肩窄，身体挺直，双手自然放下，下巴微向内收，眼睛平视，双手自然垂于身体两侧，随脚步微微前后摆动。双脚尽量走在同一条直线上，脚尖应对正前方，切莫呈内八字或外八字，步伐大小以自己足部长度为准，速度不快不慢。

女士走姿：步幅的大小应根据身高、着装与场合的不同而有所调整。女性在穿裙装、旗袍或高跟鞋时，步幅应小一些；相反，穿休闲长裤时步伐就可以大些，凸显出女性的靓丽与活泼。女士走路时手部应在身体两侧自然摇摆，幅度不宜过大。如果手上持有物品，如手提包等，应将大包挎在手臂上，小包拎在手上，背包则背在肩膀上。走路时身体不可左右晃动，以免妨碍他人行动。

3. 坐姿

坐姿是一种可以维持较长时间的工作学习姿势，也是一种主要的休息姿势，更是人们在社交、娱乐中的主要身体姿势。良好的坐姿不仅有利于健康，而且能塑造沉着、稳重、文雅、端庄的个人形象。

标准坐姿：入座时走到座位前，转身后把右脚向后撤半步，轻稳坐下，然后把右脚与左脚并齐。坐在椅上，上体自然挺直，头朝正前方，表情自然亲切，目光柔和平视，嘴微闭，两肩平正放松，两臂自然弯曲放在膝上，也可以放在椅子或沙发扶手上，掌心向下，两脚平落地面。起立时右脚先往后收半步，然后站起。

男士坐姿：男子就座时，双脚可平踏于地，双膝亦可略微分开，双手可分置左右膝盖之上，男士穿西装时应解开上衣纽扣。一般正式场合要求男性两腿之间可有一拳的距离。在日常交往场合，男性可以跷腿，但不可跷得过高或抖动。

女士坐姿：女子就座时，双腿并拢，以斜放一侧为宜，双脚可稍有前后之差，即若两腿斜向左方，则右脚放在左脚之后；若两腿斜向右方，则左脚放置右脚之后。这样人正面看来双脚交成一点，可延长腿的长度，也显得颇为娴雅。女士分腿而坐显得不够雅观，腿部呈倒V字式也是不提倡的。女士若穿裙装，就座时应有抚裙的动作。一般来说，在正式社交场合，要求女性两腿并拢无空隙，两腿自然弯曲，两脚平落地面，不宜前伸。在日常交往场合，女性大腿并拢，小腿可交叉，但不宜向前伸直。

4. 蹲姿

蹲姿与坐姿都是由站立姿势变化而来的相对静止的体态。蹲姿是由站立姿势转变为两腿弯曲和身体高度下降的姿势，应掌握三个要点：迅速、美观、大方。

标准蹲姿常用的分为两种：高低式和交叉式。

高低式蹲姿：主要要求是下蹲时，应左脚在前，右脚靠后。左脚完全着地，右脚脚跟提起，右膝低于左膝，右腿左侧可靠于左小腿内侧，形成左膝高右膝低的姿势。臀部向下，上身微前倾，基本上用左腿支撑身体。采用此式时，女性应并紧双腿，男性则可适度分开。若要蹲下捡身体左侧的东西，则姿势相反。这种双膝以上靠紧的蹲姿在造型上是十分优美的。

交叉式蹲姿：主要适用于女性，尤其是适合身穿短裙的女性在公共场合采用。它虽然造型优美，但操作难度较大。这种蹲姿要求在下蹲时右脚在前，左脚居后，右小腿垂直于地面，全脚着地。右腿在上，左腿在下交叉重叠。左膝从后下方伸向右侧，左脚跟抬起，脚尖着地。两腿前后靠紧，合力支撑身体，上身微向前倾，臀部向下。

5. 个人形象

个人形象在社交礼仪中是一个十分重要的因素，好的个人形象能更好地、更充分地展现一个人的良好教养与优雅风度。微笑是一种激发想象和启迪智慧的力量。随时面带微笑可以吸引别人的注意，表现出一个人的真诚与和善，也可使自己及合作者心情愉悦。我们应该学会用微笑扮靓自己，提升人格魅力，感染周围人的情绪。端庄、大方、整洁的仪容仪表，能够引起其他人的好感。人与人交往之时，特别是在初次相识时，由于双方互相不够了解，见面时首先映入眼帘的服饰、仪表就会在人们心目中占有很大分量。整洁的仪表、得体的修饰是社交礼仪中最基本的要求。

服饰是人们进行非言语交流的主要媒介，服饰可以作为一种手段来进行自我保护、自我表现、自我否定，并且可以用以掩盖缺陷、确认所属社会团体和自身所担任的社会角色。一个人的个人属性可以通过服饰来展现，服饰也可以从一个侧面反映出一个人的性格、修养、气质、爱好和追求。

着装应遵循三大原则：

(1)TPO 原则：

T——时间原则(time)，包括三层含义：一天中的时间变化、一年中四季的不同、时代的差异；

P——地点原则(place)，包括两层含义：地域的不同、气候的不同；

O——场合原则(occasion)：应分清是在社交场合、商务场合还是休息场合。在日常工作与生活中的着装应当因场合不同而异，在不同的场合应选择不同的服装，以此来体现自己的身份、教养与品位。

(2)适体、和谐的原则：服饰应该与自身的年龄、容貌、肤色、体型相吻合。

(3)整洁性、整体性原则：所穿衣物应保证整洁、无污垢、无异物、无褶皱、无破损；款式、色彩等应保持一致性。

为了维护自我形象，我们有必要修饰仪容，在仪容的修饰方面应做到以下五点：

(1)仪容要干净。要勤洗澡、勤洗脸，脖颈、手也都应干干净净，并经常注意去除眼角、口角及鼻孔的分泌物。要经常更换衣服，消除身体异味，有狐臭者要搽药品或及早治疗。

(2)仪容应当整洁。整洁，即整齐、洁净、清爽。要使仪容整洁，重在持之以恒保持良好的卫生习惯，这一条，与一个人自我形象的优劣关系极大。

(3)仪容应当卫生。讲究卫生，注意口腔卫生，早晚刷牙，饭后漱口，不要当着他人的面嚼口香糖，指甲要常剪，头发应按时理，避免蓬头垢面，体味熏人。

(4)仪容应当朴素大方。仪容既要修饰，又忌讳标新立异、矫枉过正，应做到朴素大方。

(5)仪容应当端庄。仪容应庄重大方，斯文优雅。

青少年社交礼仪

1. 称谓礼仪

称谓，属于社交礼仪中的道德范畴。人际交往，礼貌当先；与人交谈，称谓当先。恰当地使用称谓，是社交活动中的一种基本礼貌。称谓要表现尊敬、亲切和文雅，使双方心灵相通，感情融洽，缩短彼此间的距离。正确地掌握和运用称谓，是人际交往中不可缺少的礼仪因素。

(1)符合身份的称谓

当清楚对方身份时，既可以对方的职务相称，也可以对方的身份相称；当不清楚对方身份时，可以性别和姓名相称，如"某先生""某女士"或"某老师"。

(2)符合年龄的称谓

当称呼年长者时，务必要恭敬，不应直呼其名，也不可直接称呼"老张""老王"等，尤其是年龄相差较大的隔代人之间，更不可直接称呼"老张""老王"等，可以将"老"字与其姓相倒置，如"张老""王老""王老先生""张老先生"或"姓＋职务(或职称等)"，如"李主任""刘总""杨工""罗老师""陈师傅"等。总之，要有尊敬长者之意。当称呼同辈人时，可直接称呼其姓名，有时甚至可以去姓称名，但要注意态度诚恳、表情自然，表现出真诚。

一定要注意称呼与称谓之间的区别。比如"爸爸""妈妈"

是称呼，“父亲”“母亲”“家父”“家母”是称谓，不可以混为一谈。在称呼与称谓礼仪方面要注意以下四点：

（1）在面对面的交往中要注意称呼礼节。有些人有一个错误观念，以为只要对方知道自己是在对他说话就没有必要称呼他了。其实，懂礼貌的人经常会单单为了表示敬重而加以称呼。比如，上学路上看到老师了就叫一声“老师”，放学回家后看到父亲就叫声“爸爸”，这在礼仪上都是很有必要的，哪怕是叫过后什么话也不说，被称呼人也会领会称呼者对他们的敬重之意。

（2）在使用第二人称时应注意称呼礼节。大家都知道，用“您”比用“你”要更显敬重，这是我们必须记住的，但是我们还要知道，用“老师您”“叔叔您”“经理您”比单用“您”又更显敬重。还有，用量词“位”也可表示尊重，如说“这位同学”比说“这个同学”要好。

（3）对说话对象的家人应注意称谓礼节。比如，对老师的妻子可以称“师母”，对兄长的妻子可以称“大嫂”，如领导年龄与自己父母差不多，对其夫人就可称为“阿姨”，不要直呼其名或称“你老婆”。

（4）提到与说话对象有关的事物应注意称谓礼节。对对方的姓（名）要称“贵姓”或“尊姓大名”，对老师的作品可称“大作”，对对方的观点可称“高见”，对老人的年龄要称“高寿”，对对方的公司要称“贵公司”。在书面语言中，对年轻女性的名字可称“芳名”，对其年龄也可称“芳龄”。

（5）对对方行为的描述应注意称谓礼节。如：谈到宾客的来临可敬称为“光临”“惠顾”，对对方的批评可敬称为“指教”，对对方的解答可敬称为“赐教”，对对方的原谅可敬称为“海涵”，对对方的允诺可敬称为“赏光”“赏脸”，对对方所做修改可敬称为“斧正”。在书面语言中，对对方的到达可称“抵”，对对方的住宿可称“下榻”。

2. 就餐礼仪

餐桌礼仪包括餐前礼仪和餐中礼仪。

餐前礼仪，指的是在准备用餐、等候用餐时的行为。无疑，它是用餐表现的一个重要组成部分。要使餐前表现符合礼仪规范，需要注意两个方面的问题：

（1）适度修饰

外出用餐，尤其是外出赴宴或聚餐时，应适度地进行个人修饰。总的要求是：整洁、优雅、个性化。一般而言，男士可穿套装并剃须，女士则应穿时装或旗袍并化淡妆。倘若不加任何修饰，甚至仪容不洁、着装不雅，则会被视为是不尊重主人，不重视此次聚餐或宴请的表现。

（2）准点到场

应邀赴宴，或参加聚餐时，一定要准点抵达现场。严格地讲，抵达过早或过晚，均为失礼。早到的话，主人往往还未做好准备，有可能会措手不及；晚到的话，则会令他人望眼欲穿，甚至打乱整个原定的计划。此外，如无特殊原因，切勿早退。

餐中礼仪顾名思义就是指在吃饭用餐时在餐桌上的礼仪常

识，餐中礼仪主要表现在以下九个方面：

一是入座的礼仪。先请客人入座，再请长者入座。客人应依次入座（正对门口的座位为上座，一般是根据客人的身份地位来安排座次），入座时要从椅子左边进入。入座后不要动筷子，更不要弄出任何响声，也不要起身走动。如果有什么事要离座，应向主人打招呼。

二是进餐时，请客人中长者先动筷子。夹菜时每次少一些，离自己远的菜就少吃一些，吃饭时不要出声音，喝汤时也不要发出声响。喝汤应用汤匙一小口一小口地喝，不宜把碗端到嘴边喝，若汤太热时，就等汤温合适以后再喝，不要一边吹一边喝。有的人吃饭喜欢使劲咀嚼脆的食物，发出很清晰的声音来，这种做法是不合礼仪要求的，特别是和众人一起进餐时，更要尽量避免出现这种现象。

三是进餐时不要打嗝，也不要发出其他声音，如果出现打喷嚏、肠鸣等无法控制的声响时，就要说一些“真不好意思”“对不起”“请原谅”之类的话，以示歉意。

四是如果要给客人或长辈布菜，最好用公筷，也可以把离客人或长辈远的菜肴送到他们跟前。按中华民族的传统礼仪习惯，菜是一个一个往上端的，如果同桌有领导、老人、客人的话，每当上来一个新菜时就要请他们先动筷子，或者轮流请他们先动筷子，以表示对他们的重视。

五是吃到鱼头、鱼刺、骨头等物时，不要往外面吐，也不要往地上扔，要慢慢用手拿到自己的碟子里，或放在紧靠自己的餐桌边上或放在事先准备好的纸上。

六是上菜的空隙可适时地和左右的人聊几句风趣的话，以调和气氛，不要只顾低头吃饭，不管别人，也不要狼吞虎咽地吃相不雅，更不要贪杯。

七是最好不要在餐桌上剔牙。如果一定要剔牙时，要注意用餐巾或手挡住自己的嘴巴。

八是要明确此次进餐的主要任务。要明确以谈生意为主，还是以联络感情为主或是以吃饭为主。如果是以谈生意为主，主人在安排座位时就要注意，应把主要谈判人的座位安排得相互靠近，以便于他们交谈或疏通情感。如果是以联络感情为主或是以吃饭为主，只需要注意一下常识性的礼节就行了。

九是最后离席时，必须向主人表示感谢，或者邀请主人以后到自己家做客，以示回敬。

3. 尊师礼仪

尊师是我国传统的美德。老师像辛勤的园丁一样为学生“传道、授业、解惑”，被称为“全人类灵魂的工程师”。

作为学生，应遵守对老师的尊重礼仪：

(1)尊重老师的劳动。老师的辛苦劳动体现在教学上，学生虚心学习，认真上好每一堂课，取得良好的学习成绩，就是对老师最大的尊重，没有什么是比这更能使老师得到安慰和喜悦的了。“小树成材，桃李满天下”，是对教师辛苦劳动的最大偿付。

(2)尊重老师的人格。古人云：“一日为师，终身为父。”

可见教师在人们心中的地位。作为学生，应发自内心地敬重老师，尊重老师的人格。学生和老师谈话时，应主动请老师先坐，若老师不坐，学生应该和老师一起站着说话。同老师谈话时，要集中精神，端正姿势，双目凝视老师，有不同看法时，可及时向老师请教，同老师探讨。对老师的批评要虚心接受，不可顶撞老师。

(3)注重礼仪形式。见到老师应问好、行礼；上下课要起立迎送；进办公室前要轻轻叩门，得到应允方可开门进入，进入办公室后要行礼说明来意；到老师办公室、寝室时，不能乱翻乱动教师物品：到办公室不宜逗留过久，办完事应尽快离开；休息时间最好不要打扰老师。学生登门拜见师长时，要注意衣着鞋帽的整洁；按约定时间提前到达；到达后轻轻敲门或按门铃；要热情正确地称呼所有照面的人；当师长递茶时，学生应起立双手接过，并道“谢谢”；在拜见过程中，要言行稳重，姿势端正；拜见时间不宜过长；告辞时，要与师长家中的人打招呼告别；若因故不能及时赴约，一定要设法提前通知老师。

4. 同学之间的交往礼仪

同学之间的深厚友谊是生活中的一种团结友爱的力量，注意同学之间的礼貌礼仪，是建立良好同学关系的基本要求。

(1)同学之间要互相尊重

与人相处，除了要注意自己的人格品德外，还要注意重视和尊重别人。一个不懂得尊重别人的人，往往也不会得到别人的尊重。所以，同学之间一定要互相尊重。不给同学起侮辱性的外号；不说使别人感到伤心的话，特别是对于身患残疾的同学，说话时更应该注意；对同学说话，态度要诚恳、谦虚，语调要平和，不可装腔作势。

（2）同学之间要互助互爱

在学习上，不要因怕别人超过自己就对学习资料保密，应该与同学们共同使用，共同进步；不要看不起成绩差的同学，应热心替他补课，帮助他早日跟上来；对生病、残疾的同学，除在学习上关心外，生活上也应该对其提供实质性的帮助；在集体活动中，大同学要关心小同学。

（3）有礼貌地请教问题

要在同学有空闲或方便的时候请教，不可随便大叫影响同学的学习；请教之前，要使用礼貌用语；懂得为同学解围；请教完毕后不忘道谢。

（4）有礼貌地借东西

借东西时礼貌语言不可少；向别人借东西，要经对方允许后再把东西拿走，并说明什么时候归还，不能自作主张，用了再讲，更不能未经主人同意就去乱翻别人书包或文具盒；借别人东西一定要及时归还；对别人的东西一定要特别爱惜，做到完璧归赵。

（5）同学之间要互相团结

平时遇到同学，要主动打招呼，对同学要热情有礼貌，保持微笑；当别人遇到困难或发生不幸时，不要幸灾乐祸，挖苦讽刺，应有同情心，尽力帮助他们；与人相处，不能当面一套背后一套，不要当众挖苦别人的短处，应多肯定别人的优点和长处；不在同学面前论长道短，搬弄是非，不刻意打扮；时常和同学主动交流，增进友谊，不自吹自擂；在行动上多帮助别人，遇事拿得起放得下；讲究信用，一诺千金，答应别人的事要尽力办到，做不到时要表示歉意，求得同学谅解。

5. 集会礼仪

集会礼仪主要介绍两种：升国旗仪式和会议。

升国旗时，应排列整齐，面向国旗，肃立致敬，要立正，脱帽，行注目礼至礼毕。神态庄严，保持安静。具体要求：

(1) 升国旗时所有在场人员都要肃立，站姿端正。当主持人宣布奏国歌、升国旗仪式开始后，场内全体人员都要起立，立正，要面向国旗肃立致敬，行注目礼。国歌奏响后，走动或经过现场的人员都应停步，面对国旗，自觉肃立，待升国旗完毕后，方可继续走动。

(2) 面向国旗行注目礼时神态要庄严。升旗仪式是一个非常严肃的、隆重的仪式，在场人员要行注目礼，仰视国旗冉冉升起。行注目礼时一定要注意自己的眼神，眼睛要始终望着国旗，目光随着国旗冉冉升起而向上移动。这个时候每一个人心中都应充满自豪感和使命感。这个过程要持续到升旗仪式完毕。

(3) 参加升旗仪式时要保持安静。升旗仪式进行过程中，所有的人都应在原地肃立不动。场内任何人不可来回走动，也不能东张西望、交头接耳、嬉闹谈笑、接打电话或吃东西等，这些行为都是对国旗极大的不敬。(4)升国旗时应注意仪态。国旗象征着一个国家的尊严，一个人对国旗的尊重，不但要体现在内心深处，还应体现在仪态仪容上。升旗时正确的仪态应为：身体直立，挺胸昂首，双手下垂靠拢身体两侧，保持立正姿势，眼睛始终随国旗移动。

开会时，应按时到达，到指定座位就座，关闭手机，做好记录，开会过程中忌玩手机、听音乐、看闲书、打瞌睡、交头接耳等。具体要求：

(1)集合时，应提前到达，准时进入会场，并在指定位置坐好。

(2)听报告时要聚精会神，保持肃静，不乱议论，不乱走动。

(3)不在会场吃零食，不乱扔果皮纸屑。

(4)报告或演出结束时，要鼓掌致谢；精彩之处适度鼓掌，不喝倒彩，不吹口哨，不大声喧哗。

(5)如上台发言，要向主席台上的领导和场内人员鞠躬行礼，发言结束后应道谢。

(6)会议、演出进行中不擅自离场；演出结束后，等演员上台谢幕后再有秩序地退场。

(7)确实有特殊情况需要离开会场时，应先征得同意后才能离开。

6. 接待礼仪

迎来送往，是社会交往接待活动中最基本的形式和重要环节，是表达主人情谊、体现礼貌素养的重要方面。尤其是主人的迎接活动，是能否给客人以良好第一印象的最关键因素。迎接客人要有周密的部署，应注意以下事项。

（1）对前来访问、洽谈业务、参加会议的外国、外地客人，应首先了解对方到达的车次、航班，安排与客人身份、职务相当的人员前去迎接。若因某种原因，相应身份的人不能前往，前去迎接的人应向客人做出礼貌的解释。

（2）主人到车站、机场去迎接客人时，应提前到达，恭候客人的到来，决不能迟到让客人久等。客人看到有人来迎接，内心必定感到非常高兴，若迎接来迟，必定会给客人心里留下不好的印象，事后无论怎样解释，都难以改变给客人留下的这种失职和不守信誉的形象。

（3）接到客人后，应首先问候“一路辛苦了”“欢迎您来到×××”等，然后向对方作自我介绍，如果有名片，可送予对方。

（4）迎接客人应提前为客人准备好交通工具，不要等到客人到了才匆匆忙忙准备交通工具，那样也会给客人留下不好的印象。

（5）主人应提前为客人解决好住宿问题，帮客人办理好一切手续并将客人领进房间，同时向客人介绍住处的服务、设施，将活动的计划、日程安排打印好交给客人。

（6）将客人送到住宿地后，主人不要立即离去，应陪客人稍作停留，热情交谈，谈话内容要让客人感到满意。考虑到客人一路旅途劳累，主人不宜久留，应让客人早些休息。分手时将下次联系的时间、地点、方式等告诉客人。

接待人员带领客人到达目的地后，应该有正确的引导方法和引导姿势。

(1)在走廊的引导方法：接待人员在客人二三步之前，配合步调，让客人走在内侧。

(2)在楼梯的引导方法：当引导客人上楼时，应该让客人走在前面，接待人员走在后面，若是下楼时，应该由接待人员走在前面，客人在后面，上下楼梯时，接待人员应该注意客人的安全。

(3)在电梯的引导方法：引导客人乘坐电梯时，接待人员先进入电梯，等客人进入后关闭电梯门，到达后，接待人员按开电梯门的钮，让客人先走出电梯。

(4)在客厅里的引导方法：客人走入客厅后，接待人员应用手指示，请客人入座，看到客人坐下后，才能行点头礼离开。如客人错坐下座，应请客人改坐上座(一般靠近门的座位为下座)。

7. 社交礼仪

(1)交换名片礼仪

使用名片是现代人交际的重要手段，名片的使用也有礼节。习惯上，名片上应印有工作单位、主要头衔、通信地址、电话及邮政编码等。名片不是传单，不宜逢人便送。

①准备工作：自己的名片应放于容易拿出的地方，建议使

用名片夹（不与杂物混在一起、不将别人的名片与自己的放在一起），若穿西装宜将名片置于左上方口袋中，若带有手提包可将名片放于包内伸手可得的部位。

②递送名片

递送名片的时机：初次相识向对方做自我介绍或由别人为双方做介绍时；当双方谈得较融洽表示愿意建立联系时；当双方告辞并表示愿结识对方希望能再次相见时。

递送名片的顺序：地位低的人应先向地位高的人递名片；男士应先向女性递名片；当对方不止一人时应先将名片递给职务高者或年龄长者；如分不清职务高低、年龄大小，宜先和自己左侧的人交换名片，然后按顺时针方向依次交换。

递送名片的礼节：起立或欠身用双手递送名片，面带微笑，注视对方，双臂自然伸出，四指并拢，用双手的拇指和食指分别持握名片上端的两角送给对方，名片应正面朝上，使文字内容正对对方，递送时可以说“我叫 ×××，这是我的名片，请多关照”之类的客气话。自己的名字如有难读或特别读法的，在递送名片时不妨加以说明，忌目光游移或漫不经心。

③接收名片的礼仪：如尊者、长者不主动交换名片，可委婉提出，不宜直接索取；接收名片时应起身或欠身，面带微笑，用双手接住名片的下方两角，接过名片后应致谢，认真地看一遍以示对对方的重视，可将对方的姓名、主要头衔念出声来，并抬头看看对方的脸，使对方产生一种受重视的满足感，若有不会读的字，应当场请教；如果交换名片后需要坐下来交谈，

此时应将名片放在桌子上最显眼的位置，十几分钟后自然地将之收起放进名片夹，切忌用别的物品压住名片或在名片上做谈话笔记，离开时切勿漏带；同时与多人第一次见面，依次同时接收几张名片时，千万要记住哪张名片是哪位先生或小姐的，如果是在会议席上，在休息时可以拿出来，排列次序，和对方的座位一致，这种动作同样会使对方认为受到你的重视，而且可以帮助你准确地认人；接受对方名片后，如没有名片可交换，应说“很抱歉，我没有名片”“对不起，今天我带的名片用完了，过几天我会寄一张给您”等客气话，以向对方表示歉意，告知原因，并留下联系方式。

④索取名片的技巧：主动递上自己的名片，递名片时可说“你好！这是我的名片，以后请多关照！”之类的客气话；向平辈或晚辈索取名片时，则可说“我们可互赠名片吗？或很高兴认识你，不知能不能跟您交换一下名片？”；向地位高者、长辈索取名片时，应说“久仰大名，不知以后怎么向您请教？”或“很高兴认识您！以后向您讨教，不知如何联系您？”之类的客气话。

(2)握手

握手是一种礼仪，个人之间、团体之间、国家之间的交往都赋予这个动作以丰富的内涵。一般说来，握手往往表示友好，是一种交流方式，可以沟通原本隔膜的情感，可以加深双方的理解、信任，可以表示一方对另一方的尊敬或景仰、祝贺、鼓励等，若握手时不符合礼仪，也能传达出一些人的淡漠、敷衍、逢迎、虚假、傲慢等。团体领袖、国家元首之间的握手则往往象征着合作、和解、和平。一个人一生中握手的次数也许数也数不清，但表达的感情无非几种：第一次见面的激动，离别之际的不舍，久别重逢的欣喜，误会消除、恩怨化解的释然等。

握手是在相见、离别、恭贺或致谢时表示相互之间的情谊的一种礼节，双方往往是先打招呼，后握手致意。

①握手的顺序：一般是主人、长辈、上司、女士等位尊者主动伸出手，客人、晚辈、下属、男士等相迎握手。

②握手的方法：

一定要用右手握手。

要紧握对方的手，时间一般以3到5秒为宜。当然，过紧地握手，或是只用手指部分漫不经心地接触对方的手都是不礼貌的。

握手时双目应注视对方，微笑致意或问好，多人同时握手时应按顺序依次进行，切忌交叉握手。

在任何情况下，拒绝对方主动要求握手的举动都是无礼的，但手上有水或不干净时，应谢绝握手，同时必须解释并致歉。

握手时首先应注意伸手的次序。在和女士握手时，男士要等女士先伸手之后再握，如女士不伸手，或无握手之意，男士则点头鞠躬致意即可，而不可主动去握住女士的手；在和长辈握手时，年轻者一般要等年长者先伸出手再握；在和上级握手时，下级要等上级先伸出手再趋前握手。另外，接待来访客人时，主人有向客人先伸手的义务，以示欢迎；送别客人时，主人也应主动握手表示期待其再次光临。

在握手的同时要注视对方，态度真挚亲切，切不可东张西望，漫不经心。如果是一般关系、一般场合，双方握手时稍用力握一下即可放开，时间一般为2至5秒。如果关系亲密、场合隆重，双方的手握住后应上下微摇几下，以体现出热情。

如果是戴着手套，握手前要先脱下手套。若实在来不及脱掉，应向对方说明原因并表示歉意。不过在隆重的晚会上，女士如果是穿着晚礼服并戴着通花的长手套则可不必脱下。

8. 公共礼仪

（1）特定公共场所

①影剧院

看电影是很常见的活动，许多人往往不注意在这一活动中的礼节。其实在电影院有很多细节是需要加以注意的。

不要迟到。电影院在开映前15分钟开始检票，看电影时最好能够在这一时间之前进入电影院并找到自己的位置坐好。如果熄了灯才摸黑到处找座位，是非常影响其他观众的，也会给自己造成不必要的麻烦。如果不得已迟到了，应该向周围的人低声询问，并表示歉意。

不要吃有壳的食物或咀嚼声音过大的食物。电影院是公共场所，不是自家客厅，吃东西要考虑到别人的感受，并且要协助电影院保洁，若实在需要吐壳应吐在垃圾袋中，吃咀嚼声音大的食物时应分成小块吃。

不要不断交头接耳，高声议论，举止要文明。有些人可能听说或看过正在看的电影，但不宜谈论过多，以免影响他人。

打喷嚏、吐痰要悄悄进行，如果要离位去厕所应该向两边的人致歉，手机应调到震动挡，尽量不要影响到别人。

电影接近尾声时不要“料事如神”地抢先站起离开，应该等剧情完全结束后再起立，虎头蛇尾的观看方式是很招人反感的。

②图书馆、阅览室

图书馆、阅览室是供人们进行学习的公共场所，在这些地方看书时要特别讲究文明礼貌。

进入图书馆、阅览室要衣着整洁，不要穿拖鞋背心。进馆要遵守规则，按次序进入。就座时，移动椅子不要出声。不要为朋友占座。走路时要轻,以免影响他人。阅读时要保持安静，不要读出声音，也不要和熟人交谈。不要利用阅览室休息、睡觉。

查阅图书目录卡的时候，应使用挡书板，不要把卡片翻乱、撕坏，也不应在卡片上涂画。要爱护图书，轻拿、轻翻、轻放。不能因自己需要某些资料而损坏图书，私自剪裁图书是极不道德的行为。对开价书刊应逐册取阅，不要同时占有多份，阅后应立即放回原处，以免影响他人阅读。借阅图书应按期归还。

图书馆、阅览室的图书、桌椅、板凳等都属于公共财产，应该注意爱护，不要随意刻画，破坏。

(2)乘车礼仪

主要讲述轿车礼仪。乘坐轿车时，应当牢记的礼仪问题主要涉及座次、举止、上下车顺序等三个方面。

①座次

在比较正规的场合，乘坐轿车时一定要分清座次的尊卑，并在适当之处就座。而在非正式场合，则不必过分拘礼。轿车上座次的尊卑，在礼仪上来讲，主要取决于下面四个因素。

轿车的驾驶者：

驾驶轿车的司机，一般情况下为两类人：一是主人，即轿车的拥有者，二是专职司机。由主人亲自驾驶轿车时，一般前排座为上，后排座为下，以右为尊，以左为卑。在双排五人座轿车上，座次由尊而卑应当依次是：副驾驶座、后排右座、后排左座、后排中座。

乘坐由主人驾驶的轿车时，最重要的是不能令前排座空着。一定要有一个人坐在那里，以示相伴。由先生驾驶自己的轿车时，则其夫人一般应坐在副驾驶座上。由主人驾车送其友人夫妇回家时，友人之中的男士，一定要坐在副驾驶座上，与主人相伴，而不宜形影不离地与其夫人坐在后排，那将是失礼之至的行为。

由专职司机驾驶轿车时，通常仍讲究右尊左卑，但座次同时变化为后排为上，前排为下。在双排五人座轿车上，座位由尊而卑应当依次为：后排右座、后排左座、后座中座、副驾驶座。

轿车的类型：

轿车，通常是指座位固定、车顶固定的各种专用客车。从这个意义上讲，它还应在双排座、三排座车之外，包括吉普车和其他多排座客车。他们座次的尊卑各有一些不同。

吉普车，简称吉普，是一种轻型越野轿车，大都是四座车。不管由谁驾驶，吉普车上座次由尊而卑均依次是：副驾驶座、后排右座、后排左座。

多排座轿车，指的是有四排以及四排以上座次的大中型轿车。其不论由何人驾驶，均以前排为上，以后排为下；以右为尊，以左为卑；并以距离前门的远近，来排定其具体座次的尊卑。以一辆六排十七座的中型轿车为例，其座位的尊卑依次应为：第二排右座、第二排中座、第二排左座、第三排右座、第三排中座、第三排左座、第四排右座……

轿车上座次的安全系数：

从某种意义上讲，乘坐轿车理当优先考虑安全问题。客观上讲，在轿车上，后排座比前排座要安全得多。最不安全的座位，当数前排右座。最安全的座位，则当推后排左座（驾驶座之后），或是后排中座。

当主人亲自开车时，之所以以副驾驶座为上座，既是为了表示对主人的尊重，也是为了显示与之同舟共济的情谊。由专人驾车时，副驾驶座一般也叫随员座，通常坐于此处者多为随员、译员、警卫等。

有鉴于此，一般不应让女士坐于专职司机驾驶的轿车的前排座，孩子与尊长也不宜在此座就座。

轿车上嘉宾的本人意愿：

通常，在正式场合乘坐轿车时，应请尊长、女士、来宾就座于上座，这是给予对方的一种礼遇。然而，更为重要的是，与此同时，不要忘了尊重嘉宾本人的意愿和选择，并应将这一条放在最重要的位置。

上面这四条因素往往相互交错，在具体运用时，可根据实际情况而定。

②举止

与其他人一同乘坐轿车时，即应将轿车视为一处公共场所。在这个移动的公共场所里，同样有必要对个人的行为举止多加约束。具体来说，应当注意以下问题：

不要争抢座位。上下轿车时，要井然有序，相互礼让。不要推推搡搡，拉拉扯扯，尤其是不要争抢座位，更不要为自己的同行之人抢占座位。

不要动作不雅。在轿车上应注意举止，切勿东倒西歪。穿短裙的女士上下车最好采用背入式或正出式，即上车时双腿并拢，背对车门坐下后，再收入双腿；下车时正面面对车门，双脚着地后，再移身车外。这样做的用意，一是不会“走光”，二是比较优雅。若跨上跨下、爬上爬下，则极不雅观。

不要不讲卫生。不要在车上吸烟，或是连吃带喝，随手乱扔垃圾；不要往车外丢东西、吐痰或擤鼻涕；不要在车上脱鞋、脱袜、换衣服，或是用脚蹬踩座位；更不要将手或腿、脚伸出车窗之外。

不要忽视安全问题。不要与驾车者长谈，以防其走神；不要让驾车者听移动电话或看书刊；协助尊长、女士、来宾上车时，可为之开门、关门、封顶，在开、关车门时，不要弄出声响，不要夹伤人，在封顶时，应一手拉开车门，一手挡在车门门框上端，以防止有人碰头；当自己上下车、开关门时，要先看后行，切勿疏忽大意，出手伤人。

③上下车顺序

上下轿车的先后顺序也有礼可循，其基本要求是：倘若条件允许，须请尊长、女士、来宾先上车，后下车。具体而言，又分为多种情况。它们主要包括：

主人驾驶轿车时，如有可能，均应后上车，先下车，以便照顾客人上下车。

乘坐由专职司机驾驶的轿车时，坐于前排者，大都应后上车，先下车，以便照顾坐于后排者。

乘坐由专职司机驾驶的轿车，并与其他人同坐于后一排时，东道主一方应请尊长、女士、来宾从右侧车门先上车，自己再从车后绕到左侧车门后上车。下车时，则应自己先从左侧下车，再从车后绕过来帮助对方。若车停于闹市，左侧车门不宜开启，于右门上车时，应当里座先上，外座后上。下车时，则应外座先下，里座后下。总之，以方便易行为宜。

(3)旅游观光

①爱护旅游景点内的一砖一瓦、一草一木。山川名胜和历史古迹是不可再生的宝贵自然资源和文化遗产，应倍加珍惜。不要触摸珍贵的文物展品；不要戏弄浏览点的动物；在山林中

还应注意防火；不要随地吐痰、乱扔烟头；不要采折花卉、践踏草地；不要在树木、建筑物上乱刻、乱画；不用树木为承重载体做各种运动；在照相时不要拉扯树木的花枝。

②维护环境整洁。游客在旅游观光时，都有维护环境整洁的责任与义务。在需要静谧观赏的地方，不要随意大声喧哗、嬉笑打闹；在外野餐之后，一定要将垃圾收拾干净，集中丢弃在垃圾箱或垃圾点，不可随手乱丢，更不要随地便溺；不要污染景点内的水资源，尽量保持水域的环境卫生。

③以礼相待，主动谦让。旅游途中，如走在狭窄的曲径、小桥、山洞时，要主动给老弱妇孺让道，不争先抢行。如果不小心冒犯了他人，应及时致歉，不要与之发生纠纷；如果是随团队旅游，一定要听从导游的安排，应征得导游后同意方可离队；在自由游览时不可玩得忘乎所以而误过归队时间，让全队人担心、等待。

④遵守公共秩序。不要独自前往禁行之处“探险”。遇到购票或观看某景点的人较多时，要自觉排队，不要前拥后挤，制造混乱。

⑤注意个人形象，不伤风化。游山玩水时服饰可舒适自然，运动装、休闲装皆可，但不要赤身露体，有碍观瞻；不要围观、尾随陌生人；年轻情侣、新婚夫妇结伴游玩，自然是亲密无间，但在大庭广众之下，任何过于亲昵的举动都是有失礼节的；所到之处要入乡随俗，尊重当地的风俗习惯和一些宗教戒规，否则可能会因小事而酿成大错。

⑥乘游览车的礼仪。要提前10分钟上车，不要迟到，以免让他人等候、耽误行程；年轻的游客尽量坐到车厢后面，把前几排座位让给老人和妇女儿童；观光车的第一排座一般都是留给领队导游的，游客尽量不要坐；车上的卫生间是供乘客特急需要时使用的，一般不要使用。

9. 网络礼仪

网络时代来了，悄然无声地来到你我他之间，为现代人的生活打开了一个五彩缤纷的虚拟空间。随着网络风暴日益席卷全球，网络正以它独特的魅力将触角伸向社会的每一角落，我们也应该了解一下相关“规则”。网络世界给人以最大的言论自由，但绝不意味着可以肆无忌惮，为所欲为。在网络世界中也能体现一个人的人格，也要求我们真诚待人。

（1）记住别人的存在。互联网给予来自五湖四海人们一个共同的地方聚集，这是高科技的优点，但往往也使得我们面对着电脑屏幕就忘了我们是在跟其他人打交道，我们的行为也因此容易变得更粗劣和无礼。一定要注意当着别人的面不会说的话，在网上也不要说。

（2）网上网下行为一致。在现实生活中大多数人都遵纪守法，在网上也应如此。网上的道德和法律与现实生活是相同的，不要以为在网上就可以降低道德标准。

（3）入乡随俗。同样是网站，不同的论坛有不同的规则。在一个论坛可以做的事情，在另一个论坛可能不宜做，一定要十分注意。

(4)尊重别人的时间。在提问题之前，先自己花些时间去搜索和研究，很有可能同样的问题别人已经问过多次，现成的答案唾手可得。

(5)在网上也要给别人留下好印象。不要因为网络的匿名性质就无所顾忌，发帖时不要故意挑衅和使用脏话，要以有素质的言语给别人留下好的印象。

(6)分享自己的知识。在网络上，当一个人提了一个有意思的问题后，可以得到很多回答，我们可以将这些回答整理出来，写份总结与大家分享。

(7)平心静气地争论。争论是正常的现象，要以理服人，不要进行人身攻击。

(8)尊重他人的隐私。电子邮件或私聊的记录应该被看作隐私的一部分。如果我们未经个人同意，将认识的某个网友的真名公开，将是一种十分不友好的行为。如果我们不小心看到别人的电子邮件或私密信息，也不应该到处传播。

(9)不要滥用权力。管理员和版主比其他用户享有更多的权力，要正确使用这些权力。

(10)宽容。我们都曾经是新手，都会有犯错误的时候。当看到别人写错字、用错词，问一个低级问题或者写篇没必要的长篇大论时，我们应该用留言或私下提议的方式给他好的建议，而不应冷嘲热讽。